LESSON 1

言葉の意味

日

合格 40点

●読んで、答えましょう。

少子化とは、生まれてくる子どもの数が年々①減少するということです。

社会に起こる変化の多くは、②よい面と悪い面の両方を持っています。ですから、少子化にも利点があると考える人もいます。けれども、急激《きゅうげき》な少子化は、やはりいろいろな問題を引き起こします。

最も大きな問題は、人口の分布のバランスがくずれ、日本が極端《きょくたん》な高齢《こうれい》社会になる、という問題です。そうなると、たくさんのお年寄りを、少数の若《わか》い人たちで支えなければなりません。しかし、最終的に支えることが③できなくなったら、社会が混乱《こんらん》するおそれがあります。これを防ぐ④手を考えることが今後の課題です。

---

(1) ――線①と反対の意味の言葉を、記号で答えましょう。(10点)

ア 加勢　イ 増加　ウ 拡大《かくだい》

[　　]

(2) ――線②と同じ意味の言葉を、二字でぬき出しましょう。(10点)

□□

(3) ――線③と同じ意味になるように、□に漢字を書きましょう。(15点)

□可能になったら

(4) ――線④のここでの意味を、記号で答えましょう。(15点)

ア 人の体のかたから先の部分

イ 方向や方面

ウ 方法や手段《しゅだん》

[　　]

答えは91ページ

やってみよう

次の文の、主語には——線を、述語には＝線を引こう。

① わたしは、一人で　理科室に　向かった。

② ぼくも　みんなと　いっしょに　行きます。

③ 一年前、ぼくたちは　この　駅で　出会った。

④ 広間には　たくさんの　小学生が　いた。

⑤ とても　すばらしいね、この　風景は。

⑤は、言葉の　順序に注目しよう。

答えは91ページ ☞

LESSON 2 指示語をおさえる ①

月　日
得点
点　合格40点

● 読んで、答えましょう。

公園の片《かた》すみに小さなベンチがある。青山《あおやま》くんとぼくは、①そこにこしかけた。

「見せたいものって、なにさ。」

ぼくが問いかけると、青山くんは少しはずかしそうな顔をした。

「自慢《じまん》してるみたいだけど……。」

そう言いながら、カバンの中から一冊《いっさつ》の雑誌《ざっし》を取り出す。青山くんは、②それをパラパラとめくると、あるページを開いてみせた。

③そこには、なんと青山くんの書いた詩がのっていたのだ。ぼくはすっかり感心してしまった。

「④これって、かなりすごいことじゃないか。」

---

(1) ——線①が指すものを書きましょう。（10点）

［　　　　　　］

(2) ——線②が指すものを、記号で答えましょう。（10点）

ア ベンチ　イ カバン　ウ 雑誌

［　　］

(3) ——線③が指すものをまとめました。□に入る言葉を、文中からそれぞれぬき出しましょう。（10点）一つ5

青山くんが開いた□のある□

(4) ——線④が指すものを書きましょう。（20点）

［　　　　　　］

答えは91ページ

やってみよう

次の文の修飾語《しゅうしょくご》に——線を引こう。（修飾語が二つある文もあります。）

① 雨が　あがり　空が　とても　青い。

② ふり返ると　大きな　犬が　いた。

③ 白い　犬が　道を　走る。

④ わたしは　急いで　駅へ　向かった。

⑤ たくさんの　人々が　公園に　集まった。

答えは91ページ ☞

LESSON 3

指示語をおさえる ②

月　日

得点　　点　合格40点

● 読んで、答えましょう。

みなさんは、カブトガニを知っているだろうか。海に住む動物の一つで、砂浜《すなはま》に産卵《さんらん》をする。カニという名がついているが、①この動物はカニの仲間ではない。サソリやクモに近い動物である。

研究者の語るところによれば、カブトガニは四億年の歴史を持っている。②その長い歴史のうち、後半の二億年はほとんど姿《すがた》を変えずに生き残ってきた。だから、カブトガニのことを「生きた化石」とよぶ人もいるくらいである。

ところが、近年、そのカブトガニが急《きゅう》激《げき》に減少しているという。なぜだろうか。人間が護岸工事やうめ立てをしたことが③その原因の一つだと考えられている。

(1) ――線①が指すものを、記号で答えましょう。（10点）

ア カブトガニ

イ 海に住む動物

ウ サソリやクモ

［　　］

(2) ――線②が指すものをまとめました。□に入る言葉を、文中からそれぞれぬき出しましょう。（20点）一つ10

□□□□□の□□年の歴史。

(3) ――線③が指すものを、「原因。」につながるように、書きましょう。（20点）

［　　　　］原因。

やってみよう

＊ 次の漢字の成り立ちをあとから選んで、記号で答えよう。

① 月［　］　② 粉［　］　③ 一［　］
④ 森［　］　⑤ 上［　］　⑥ 草［　］

ア 物の形をもとに作られた漢字（象形文字）
イ 形のない物を点や線で表した漢字（指事文字）
ウ 二つ以上の漢字を組み合わせてできた漢字（会意文字）
エ 音（読み）を表す部分と、意味を表す部分との組み合わせで、できている漢字（形声文字）

答えは91ページ

接続語をおさえる ①

月　日
得点
点　合格40点

● 読んで、答えましょう。

夜空に星がいっぱいにまたたいている。明日は晴れそうだ。和也《かずや》は、明日の運動会をとても楽しみにしている。①それで、この星空を見てうれしくなった。

「明日は晴れだ。よかった。」

和也は、そう妹の春子《はるこ》に話しかけた。和也は六年生、春子は一つ下の五年生だ。

「そうだね、よかったねえ。」

［②］、なんだかその声には元気がない。③しかも、春子はふうっと深いため息までもらしたのだ。

そう言えば、今日、学校から帰ってからずっと、春子は元気がなかったようだ。おなかでもいたいのだろうか。［④］、なにか心配事でもあるのだろうか。

(1) ――線①と同じはたらきの言葉を、記号で答えましょう。(10点)

ア そして　イ だから
ウ けれども

［　　］

(2) ［②］に入る言葉を、記号で答えましょう。(10点)

ア でも　イ つまり
ウ ところで

［　　］

(3) ――線③「しかも」のかわりに使うことのできる言葉を、四字で書きましょう。(15点)

□□□□

(4) ［④］に入る言葉を、四字で書きましょう。(15点)

□□□□

答えは91ページ

やってみよう

＊次の漢字と同じ成り立ちの漢字を、□から二つずつ選んで書こう。

①山　［　・　］

②下　［　・　］

③信　［　・　］

④考　［　・　］

馬　四　車　林　鋼　鳴　中　洗

答えは91ページ ☞

接続語をおさえる ②

月　日

得点　　点　合格40点

● 読んで、答えましょう。

科学技術が発達するとどんどん便利になる。［①］、記録について考えてみよう。大昔は、文字を石にほっていた。次に紙に文字を書くようになった。［②］、今では人はコンピューターを使って文字を書き、それをハードディスクという記《き》憶媒体《おくばいたい》に保存《ほぞん》している。

古いものよりも新しいものの方が、便利さという点ではすぐれている。③しかし、長持ちという点では、そうは言えない。石にほった文字は、おそらく一万年はもつだろう。紙は千年もつかどうかあやしい。コンピューターのハードディスクは、たぶん百年ももたない。④つまり、［⑤］だろう。

(1) ［①］・［②］に入る言葉を、記号で答えましょう。（20点）一つ10

ア たとえば　イ それとも
ウ したがって　エ そして

①［　］
②［　］

(2) ――線③のかわりに使うことのできる言葉を、四字で書きましょう。（10点）

(3) ――線④に注意して、［⑤］に入る文を「古い」「長持ち」という言葉を使って書きましょう。（20点）

［　］

答えは91ページ

やってみよう

次の――線の漢字の読み方を書こう。

① 考えが異なる。〔　　　〕

② ここは危ない。〔　　　〕

③ 幼い子ども。〔　　　〕

④ 樹木を植える。〔　　　〕

⑤ 誤解される。〔　　　〕

⑥ 誠意を示す。〔　　　〕

⑦ 国と国との同盟。〔　　　〕

⑧ 線を垂直に引く。〔　　　〕

答えは91ページ ☞

まとめテスト ①

月　日
得点
点　合格40点

● 読んで、答えましょう。

学級委員長に選ばれたのは、いいことだと思う。たしかに、悪いことなんかじゃない。みんなが自分を信頼《しんらい》してくれた①あかしなんだから。

②、愛子《あいこ》はこまってしまった。学級委員長なんて、これまで一度もやったことがない。大丈夫《だいじょうぶ》かな。

不安のあまり、うらめしそうな顔になってしまう。となりを歩いていた香織《かおり》は、③それを見てにっこり笑った。

「大丈夫。愛子ならできる。」

愛子は、目立つことは大きらい。④だから、⑤。親友の香織が「委員長には愛子がふさわしい。」と、学級会で推薦《すいせん》したのだ。

(1) ――線①の意味を、記号で答えましょう。(10点)

ア 証拠《しょうこ》　イ うそ　ウ 結果

［　　］

(2) ② に入る言葉を、記号で答えましょう。(10点)

ア つまり　イ また　ウ でも

［　　］

(3) ――線③が指すものを、八字でぬき出しましょう。(15点)

□□□□□□□□

(4) ――線④に注意して、⑤ に入る言葉を、記号で答えましょう。(15点)

ア 以前から立候補《りっこうほ》してみたかったのではない

イ 自分から立候補したかった

ウ 自分から立候補した

［　　］

答えは91ページ ☞

やってみよう

✿ 次の□に漢字を書こう。

① □□《じょうき》機関を□□《そうさ》する。

② 結果をすなおに□《みと》めるのが□《むずか》しい。

③ 病院で□□《しんぞう》と□《はい》の検査をする。

④ □□《きずぐち》を水で□《あら》う。

⑤ □□□□《てんのうへいか》のお□《すがた》。

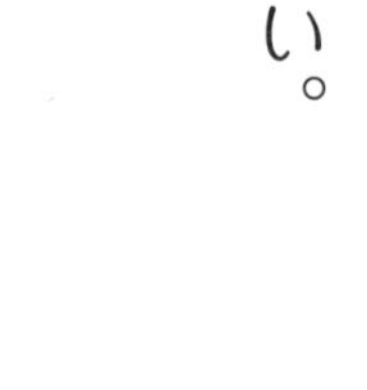

答えは91ページ ☞

まとめテスト ②

月　日

得点　　点　合格40点

● 読んで、答えましょう。

化学実験に使われる動物を、実験動物とよぶ。ラット(ネズミの一種)が①その代表である。

化学物質が人間にどんな悪影響《えいきょう》をもたらすか、[②]もたらさないか、ということを調べるために、人間はこれまで、ラットをはじめとするたくさんの実験動物を使ってきた。人間の命を守るためには、実験動物を殺すのも仕方がない、という考えから起きたことだ。

[③]、最近のアメリカでは、そうした考えに反対する人々が次第に多くなってきている。④かれらは、人間の命と同じように動物の命も大切にするべきだと主張するのだ。

---

(1) ――線①が指すものについてまとめました。□に入る言葉を、四字でぬき出しましょう。(10点)

[　　　　]の代表。

(2) [②]・[③]に入る言葉を、それぞれ記号で答えましょう。(20点)一つ10

ア ところで　イ けれども
ウ だから　エ あるいは

②[　　]　③[　　]

(3) ――線④が、どんな人たちかをまとめました。□に入る言葉を、文中からそれぞれぬき出しましょう。(20点)一つ10

「[　　　　]を守るために実験動物を殺すのは、仕方がないことだ。」という考えに[　　]する人々。

答えは92ページ ☞

やってみよう

次の□に漢字を書こう。

① □□《しょうぐん》が□《しろ》にこもる。

② そのネコの□《せ》は黒く、□《はら》は白い。

③ □□《ちょめい》な□□《えいが》監督《かんとく》。

④ □□《ないかく》総理大臣と□□《ぎろん》する。

⑤ □□《さいばん》で□《きび》しく追及《ついきゅう》される。

③の「ちょめい」は、名前が知られているということだよ。

答えは92ページ ☞

心情を読み取る ①

月　日

得点　点　合格40点

● 読んで、答えましょう。

①「おかしいわねえ。」

母は、廊下《ろうか》のたなの上にある時計に目を走らせ、心配そうな声を出した。時計の針《はり》は、午後七時を回ったところだ。

「和樹《かずき》は、なにをしてるのかしら。」

②「なにをって、野球部の練習だよ。」

ぼくはわざと少し声を大きくして、そう言った。弟の和樹は、中学に上がるとすぐに野球部に入った。だから、部活をしていないぼくより、帰りがおそくなる。

「お母さん、大丈夫《だいじょうぶ》だって。」

「でも……。」

そのとき、玄関《げんかん》のドアが開いて、和樹が物も言わずに、ぬっと入ってきた。

③母の顔がぱっと明るくなった。

(1) ——線①と言ったときの「母」の気持ちをまとめました。□に入る言葉を、文中からそれぞれぬき出しましょう。(20点)一つ10

□の帰りがおそいのを□する気持ち。

(2) ——線②のときの「ぼく」の気持ちを、記号で答えましょう。(10点)

ア 母を安心させてやりたい
イ 和樹が早く帰ってくればいい
ウ 自分も野球部に入ろう

［　　］

(3) ——線③から読み取れる「母」の気持ちを書きましょう。(20点)

［　　］

答えは92ページ

やってみよう

次の絵が表す慣用句・ことわざを答えよう。

①

何度失敗しても，またがんばることです。

[　　　　　　　　]

②

思いがけないことに突然《とつぜん》出くわしておどろくことです。

[　　　　　　　　]

③

あつかいに困《こま》る様子です。

[　　　　　　　　]

④

言ってはならないことをうっかり言ってしまうことです。

[　　　　　　　　]

⑤

見た目が美しいものより，役立つものの方がいいというたとえです。

[　　　　　　　　]

答えは92ページ

心情を読み取る ②

月　日
得点　点　合格40点

● 読んで、答えましょう。

涼子《りょうこ》は、まだ出てこない。しばらく玄《げん》関《かん》で待っているうちに、洋子《ようこ》はイライラしてきた。涼子は何をぐずぐずしているのか。「すぐ行く。」と言っていたくせに。①いったい、いつまで待たせたら気がすむのだろう。

洋子は、いったんはいたくつをぬいで、二階の子ども部屋にもどった。そして、そこにいる涼子の姿《すがた》を見て、②びっくりしてしまった。なんと涼子はのんびりマンガを読んでいるではないか。

「あんた、何やってるの？」

洋子の心に、ふつふつと［③］がわいてきた。

「いいかげんにしなさいよっ。」

(1) ――線①から読み取れる洋子の気持ちをまとめました。□に入る言葉を、文中からそれぞれぬき出しましょう。（20点）一つ10

涼子がなかなか［　　　］ので、［　　　］する気持ち。

(2) ――線②から読み取れる洋子の気持ちを書きましょう。（20点）

［　　　］

(3) ［③］に入る言葉を、記号で答えましょう。（10点）

ア 喜び　イ 悲しみ　ウ いかり

［　　　］

答えは92ページ

やってみよう

✿下のことわざの□に入る言葉をひらがなで書いて、クロスワードを完成させよう。

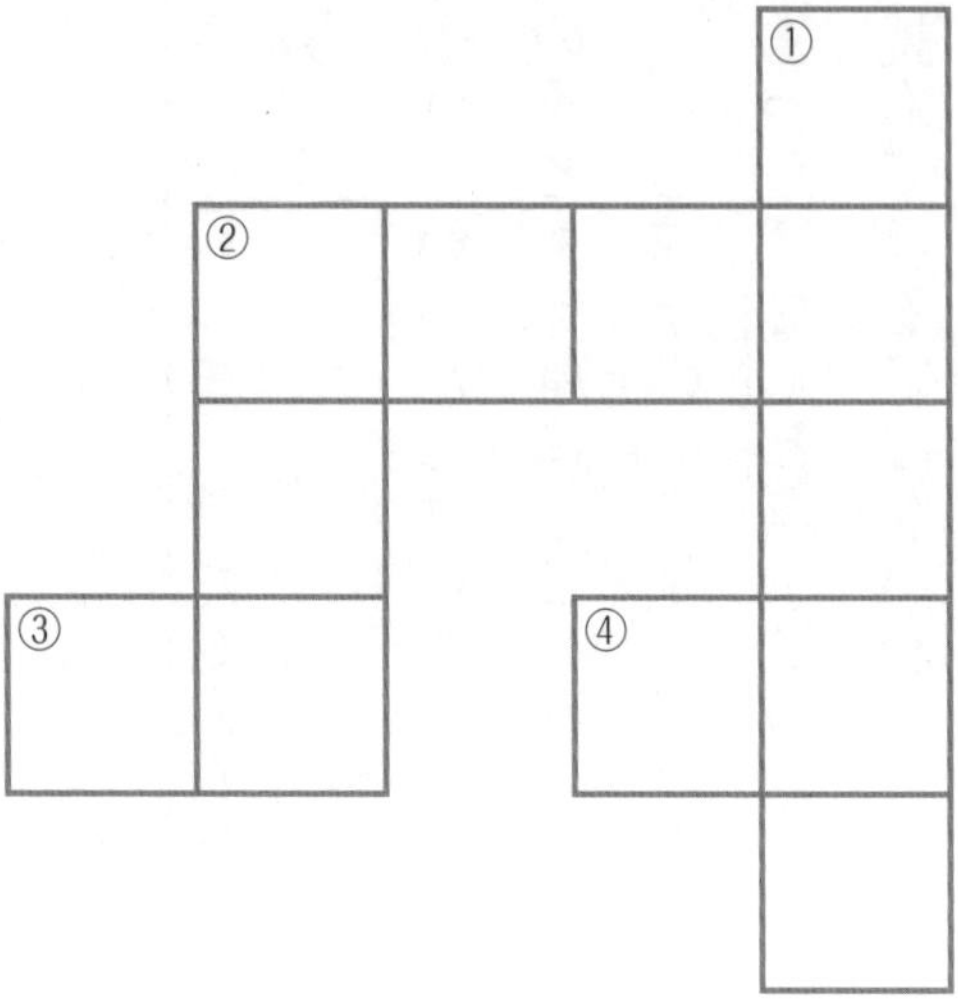

ヨコのかぎ

② 井の中のかわず□□□□を知らず

③ 転ばぬ□□のつえ

④ 背《せ》に□□は代えられぬ

タテのかぎ

① どんぐりの□□□□□

② とらぬ□□□の皮算用

③と似たことわざに、「石橋をたたいてわたる」があるよ。

答えは92ページ☞

LESSON 10

考えを読み取る ①

月　日

得点　　点　合格40点

● 読んで、答えましょう。

子どものころ、ぼんやりと思っていた。大人はもの知りだ、と。だが、①年をとるにしたがって、次第に考えが変わってきた。私《わたし》自身のことに限定して話をすれば、大人も実はものを知らない。はずかしいが、本当のことだ。

私は、もう②四十歳《さい》をこえている。小学生だったころは、四十歳の自分を想像することなどなかった。だが、気がついたらその年齢《ねんれい》になった自分がいた。

四十歳と言えば、分別があるはずの年齢だ。たしかに、色々とむだな知識は身についた。だが、分別というほど立派《りっぱ》なものが自分に備わっているのかどうか。実は、備わってなどいないのである。

---

(1) ——線①についてまとめました。□に入る言葉を、文中からそれぞれぬき出しましょう。（20点）一つ10

大人は［　　　　　］という考えから、大人も実は［　　　　］という考えに変わった。

(2) ——線②について筆者はどのような考えをもっているか、書きましょう。（15点）

［　　　　　　　　］の年齢。

(3) 筆者が自分についてどう考えているか、記号で答えましょう。（15点）

ア 大人には大切な知識がある。

イ 大人になっても分別がない。

ウ 立派な大人になる努力をしよう。

［　　］

答えは92ページ ☞

やってみよう

✿ 次の――線の言葉を、ていねい語を使って書き直そう。

〔例〕 毎朝、七時に起きる。 〔 起きます 〕

① 明日は運動会だ。 〔　　〕

② 弟を駅までむかえに行く。 〔　　〕

③ 明日はたぶん雨だろう。 〔　　〕

④ 公園までいっしょに歩いた。 〔　　〕

答えは92ページ ☞

考えを読み取る ②

月　日

得点

点　合格40点

●読んで、答えましょう。

①秋という季節は、多様なイメージと結びつけて語られる。読書の秋。スポーツの秋。中には、いや何といっても食欲《しょくよく》の秋だよ、と言う人もいるだろう。

ぼくにとっての秋は、孤独《こどく》の秋だ。

②秋になるといつも思い出すことがある。学生時代、ある秋の夕暮《ぐ》れ時、一人で見知らぬ街をドライブしていたときのこと。急に強烈《きょうれつ》なさびしさを味わったのだ。この体験が、ぼくの中の「秋」と、はなれがたく結びついている。

孤独だからこそ、人は他人とのつながりを求める。孤独を意識しないあいだ、人は友人を求めたりしないだろう。だから、秋は ③ 季節でもある。

(1) ――線①は筆者にとってどのような季節か、記号で答えましょう。(15点)

ア 読書の秋　イ スポーツの秋

ウ 食欲の秋　エ 孤独の秋

［　　］

(2) ――線②についてまとめました。□に入る言葉を、文中からそれぞれぬき出しましょう。(20点)一つ10

ある秋の□□□□□にドライブをして、急に□□□□□□を味わったという体験。

(3) ③ に入る言葉を、記号で答えましょう。(15点)

ア 友人なんていらない

イ 友人がほしくなる

ウ 友人からはなれる

［　　］

答えは92ページ

やってみよう

＊ 次の──線の言葉を、「お～になる」の尊敬語《そんけいご》に書き直そう。

〔例〕 先生が歌う。 〔 お歌いになる 〕

① 先生が本を読む。 〔　　〕

② お客様が聞くことに答える。 〔　　〕

③ 社長が事務所に入る。 〔　　〕

④ いつまで待つのですか。 〔　　〕

答えは92ページ ☞

LESSON 12

対比をつかむ

月　日

得点　点　合格40点

● 読んで、答えましょう。

動物について研究した本をいろいろと読むと、研究者によって考え方が大きくちがっていることにおどろかされる。

①人間には想像力がある。だから人間は、まだこの世に存在《そんざい》しない②未来を思うことができる。それに対して、動物には想像力が［③］。したがって、かれらは、今ここに存在する現在にしか生きていない。つまり、④人間と動物は本質的に異《こと》なっている。以上のような主張をする研究者たちがいる。

ところが、全く別の主張をする研究者もいる。「人間と動物は連続した存在だ。動物にもかれらなりの想像力があり、未来を予測して行動する。」というのである。

(1) ──線①と比べられているものを、記号で答えましょう。（10点）

ア 研究者　イ 想像力　ウ 動物

［　］

(2) ──線②と対比されているものを、二字でぬき出しましょう。（10点）

［　］

(3) ［③］に入る言葉を考えて、二字で書きましょう。（15点）

［　］

(4) ──線④と対比的な主張をしている一文を、文中からぬき出しましょう。（15点）

［　］

答えは92ページ

やってみよう

＊正しい敬語《けいご》になるように、□に入る言葉をあとから選び、記号で答えよう。

① 校長先生が教室に□。

ア いらっしゃる　イ 来る　ウ 参る　［　　］

② 先生の□ことをしっかり守るつもりだ。

ア 言う　イ おっしゃる　ウ 申す　［　　］

③ お客様がご飯を□。

ア 食べる　イ めし上がる　ウ いただく　［　　］

④ お客様が映画《えいが》を□。

ア 見る　イ ごらんになる　ウ 拝見《はいけん》する　［　　］

答えは92ページ ☞

原因・理由をおさえる ①

月　日

得点　　点　合格40点

● 読んで、答えましょう。

①海に住む魚や貝が減ってきている。なぜだろう。調べていくうちに、「その直接の原因は、海に注ぎこむ川の水の栄養分がとぼしくなったことにある。」と考えられるようになってきた。

では、②なぜ川の水の栄養分がとぼしくなったのか。実は、川に栄養をあたえるのは、上流にある森である。その森が減ったから。一口に言えば、これが、川がダメになった理由である。

つまり、海に住む生き物が減少した根本的な原因は、［③］がおとろえたことにあった、ということになる。

④魚や貝を守るためには、海を見ているだけでは足りないのである。

(1) ——線①の直接の原因をまとめました。□に入る言葉を、三字でぬき出しましょう。（10点）

海に注ぎこむ川の水の［　　　］が減少したこと。

(2) ——線②の疑問《ぎもん》の答えを、五字でぬき出しましょう。（10点）

［　　　　　］から。

(3) ［③］に入る言葉を、記号で答えましょう。（10点）

ア 海　イ 川
ウ 森

［　　］

(4) ——線④の理由を、「川」「森」という言葉を使って書きましょう。（20点）

［　　　　　　　　］

答えは92ページ ☞

やってみよう

＊次の――線の言葉を、「お〜する」のけんじょう語に書き直そう。

〔例〕 わたしが先生に届《とど》ける。 〔 お届けする 〕

① 先生を駅で待つ。 〔　　　　　〕

② お客様の荷物を持つ。 〔　　　　　〕

③ 先生に伝える。 〔　　　　　〕

④ 近所の方を家に呼《よ》ぶ。 〔　　　　　〕

答えは92ページ ☞

原因・理由をおさえる ②

月　日　得点　点　合格40点

● 読んで、答えましょう。

きょうりゅうは、なぜ絶滅《ぜつめつ》したのでしょうか。

以前は、伝染《でんせん》病が流行したからという説や、植物の毒にあたったからという説がありました。しかし、どちらの説にも反対者がいて、決め手に欠けました。

現在では別の説明が有力です。それは、地球に巨大《きょだい》ないん石が落ちたから、という説明です。そのせいで環境《かんきょう》が変わり、きょうりゅうが生きられなくなったというのです。いわゆる「いん石説」です。

この「いん石説」は、多くの人に支持されています。いん石にふくまれる物質が見つかったからです。これは、きょうりゅうの絶滅した時代の地層《ちそう》から発見されました。

---

(1) 以前の、きょうりゅうが絶滅した理由についての説を、二つぬき出しましょう。（20点）一つ10

「　　　　」

「　　　　」

(2) 現在考えられている、きょうりゅうが絶滅した理由をまとめました。□にあてはまる言葉を、文中からそれぞれぬき出しましょう。（10点）一つ5

地球に巨大な□□□が落ちたため、□□が変わったから。

(3) ――線の理由を、書きましょう。（20点）

「　　　　」

答えは92ページ

やってみよう

＊ 正しい敬語《けいご》になるように、□に入る言葉をあとから選び、記号で答えよう。

① わたしが先生に事情を□。

ア おっしゃる　イ 言う　ウ 申し上げる　［　］

② 父がすぐそちらに□はずです。

ア いらっしゃる　イ うかがう　ウ 参られる　［　］

③ わたしは、あなたのご指示のとおりに□。

ア いたします　イ する　ウ なさいます　［　］

④ おじさんから、おみやげを□。

ア もらう　イ いただく　ウ 差し上げる　［　］

答えは92ページ ☞

LESSON 15

要点をまとめる

月　日

得点　点　合格40点

●読んで、答えましょう。

①捨《す》てられたビニールのレジぶくろやペットボトル。これらはまとめてプラスチックゴミとよばれる。このプラスチックゴミが今、②大きな問題となっている。

第一に、プラスチックゴミは、海や川をよごす。NPO法人などが清掃《せいそう》活動をおこなっているのでそれほど目立たないが、プラスチックゴミは、海や川の散乱《さんらん》ゴミの代表である。

それだけではない。近年では死んだウミガメの胃《い》の中から、ビニールぶくろが発見されるようになった。クラゲとまちがえて飲みこんでしまうのだ。プラスチックゴミは、生態系《せいたいけい》へ悪えいきょうをあたえるという問題も引き起こしている。

(1) ──線①は何とよばれますか。（15点）

［　　　　］

(2) ──線②についてまとめました。□に入る言葉を、文中からぬき出しましょう。（20点）一つ10

□□□□□□□といい問題と□□□□□□□□といい問題。

(3) この文章の主題を、記号で答えましょう。（15点）

ア　プラスチックゴミの問題点
イ　海や川の清掃活動の推進
ウ　ウミガメが生きる豊かな海

［　　　　］

答えは93ページ☞

やってみよう

✱ 次の――線の漢字の読み方を書こう。

① 不足分を補う。〔　　　〕

② 日が暮れる。〔　　　〕

③ 会社に勤める。〔　　　〕

④ 川の源流をたどる。〔　　　〕

⑤ 従来のやり方。〔　　　〕

⑥ 勇ましく奮戦する。〔　　　〕

⑦ 臨時に人をやとう。〔　　　〕

⑧ 鋼鉄でできた船。〔　　　〕

答えは93ページ ☞

まとめテスト ③

月　日

得点　　点　合格 40点

● 読んで、答えましょう。

赤茶けた山道の上に、①きらきら光る虫がいた。少し飛んでは、また地面におりる。きれいな虫だ。こんな虫に会えるなら、いなかも悪くない。

おじさんが、ぼくに聞いた。

「あの虫の名前、知ってるか。」

どうせ知らないだろう、といった感じの言い方だ。ぼくは少しむっとした。

「②ハンミョウでしょ。」

「おっ。よく知ってたなあ。」

「昆虫図鑑《こんちゅうずかん》で見たもんね。」

ぼくは、③急に胸《むね》の中に温かなものがわき上がるのを感じながら、そう言った。

おじさんにほめられたのは、一週間前に出会ってから、これが初めてだった。

(1) ――線①を見た「ぼく」の考えについてまとめました。□に入る言葉を、文中からそれぞれぬき出しましょう。（20点）一つ10

こんな［　　　　］虫に出会えるなら、いなかも［　　　　］と考えた。

(2) ――線②のときの「ぼく」の気持ちを、記号で答えましょう。（10点）

ア 喜び　イ 腹立《はらだ》ち　ウ 悲しみ

［　　］

(3) ――線③には「ぼく」のどんな気持ちが表れていますか。「初めて」という言葉を使って書きましょう。（20点）

［　　　　　　　　　　］

答えは93ページ ☞

やってみよう

✱ 次の□に漢字を書こう。

① □□《ひみつ》がもれた□《うたが》いがある。

② □《たから》を□《さが》す旅に出る。

③ □□《はいく》も□□《そうさく》活動の一つだ。

④ 二階から□《まく》を□《た》らす。

⑤ □□□《せんもんか》からの□□《ひはん》。

③の「そうさく」の「そう」は、はじめてつくるという意味だよ。

答えは93ページ ☞

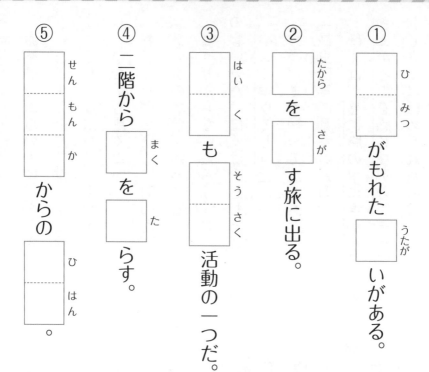

まとめテスト ④

月　日
得点　　点　合格40点

● 読んで、答えましょう。

①報道写真は事件の一部しか写さない。だが、その一枚《いちまい》の写真を見て、人は事件の ② を見たように錯覚《さっかく》する場合がある。そして、あとになって「だまされた。」と腹《はら》を立てる。

だが、実は同じことは報道記事の文章についても言える。文章もまた事件の一部しか書くことはできない。③それなのに、「一部をぬき取っただけの報道にだまされた。」という批判《ひはん》は、文章よりも写真に対してのほうが強い。なぜなのか。

それは、写真のほうが文章よりも強い説得力を持つからだ。写真のほうが信じられやすい分、だまされたと感じたときのいかりも強くなるのである。

(1) ――線①と比べられているものを、七字でぬき出しましょう。(15点)

(2) ② に入る言葉を、記号で答えましょう。(15点)

ア 一部　イ 全体
ウ 原因　エ 結果

〔　　〕

(3) ――線③の理由をまとめました。□に入る言葉を、文中からそれぞれぬき出しましょう。(20点)一つ10

写真のほうが □ が強いため、文章よりも信じられやすく、それだけに、あとになって錯覚に気づいたときの「 □ 。」といういかりも強くなるから。

答えは93ページ

やってみよう

✿ 次の□に漢字を書こう。

① □□《そんけい》される消防□□《しょちょう》。

② 用紙の□□《うらがわ》を見るのを□《わす》れた。

③ 計画□□《すいしん》の□□《しょうがい》になる。

④ コインを□《たて》に□《なら》べる。

⑤ 先生のお□《たく》を□□《ほうもん》する。

②の「うらがわ」の「がわ」は、部首をまちがえないように注意しよう。

答えは93ページ ☞

主題を読み取る ①

月　日

得点　　点　合格 40点

● 読んで、答えましょう。

「あっ、お父さん。」

手術から一時間後、ますいからさめたとたん、むすこは私《わたし》に向かって言った。

「［①］。ぼく、生きてた。」

「当たり前だ。心配ないって言っただろ。」

「うん、でも、ぼく心配だったの。風船みたいに、フワフワした感じで。お友達がいっぱいお見まいに来たりして、あんまり大げさだったたんだもん。」

小学四年生にしては、むすこはおさない方だ。それでも、むすこなりにいろいろ考えていたらしい。

「生きてるって、うれしいことだね。」

おっ。大事なことに気がついたな。えらいぞ、わがむすこよ。

(1) ［①］に入る言葉を、記号で答えましょう。(15点)

ア なあんだ　イ よかった
ウ ざんねん

［　　］

(2) ――線②がたとえているものについてまとめました。□に入る言葉を、文中からそれぞれぬき出しましょう。(20点)一つ10

手術のあとも［　　　］いられるかどうか［　　］する気持ち。

(3) この文章の主題を、記号で答えましょう。(15点)

ア 友人との深い友情
イ 子が親によせる愛
ウ 命あることの喜び

［　　］

答えは93ページ ☞

やってみよう

✿ 次の□に漢字を入れて、四つの言葉を作ろう。

①
区 ↓
特 → □ → 格
↓ 人

②
果 ↓
人 → □ → 事
↓ 語

③
再 ↓
出 → □ → 実
↓ 在

④
競 ↓
演 → □ → 術
↓ 法

答えは93ページ ☞

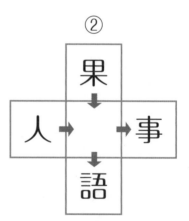

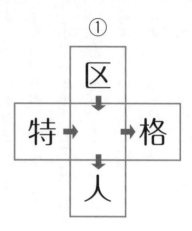

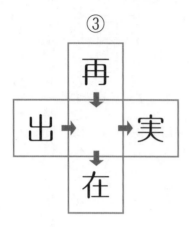

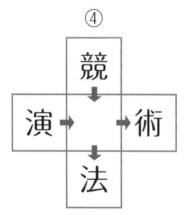

主題を読み取る ②

月　日
得点
点　合格40点

● 読んで、答えましょう。

①「あんたは、あたしのことをきらってるんだと思ってた。でも、ちがったのね。」

佐藤《さとう》さんは、まっすぐに春香《はるか》の目を見て言った。春香は、目をそらした。

「でも、それならどうして、あいさつも返してくれなかったの。」

「なんだか、こわいって思ってて。」

「どうして。ああ、そうか。あたしがでっかくて、声もガラガラだからでしょ。」

佐藤さんは、大きな声で笑った。その笑い声には、たしかにあたたかみが感じられた。もう、こわくなくなった。

②佐藤さんをじっと見つめた。

「今は、もう大丈夫《だいじょうぶ》。」

春香は、例の小さな声で言った。

(1) ――線①の理由についてまとめました。次の□に入る言葉を、文中からそれぞれぬき出しましょう。（20点）一つ10

春香が佐藤さんに［　　　］を［　　　］くれなかったから。

(2) ――線②の理由を、「あたたかみ」という言葉を使って書きましょう。（15点）

［　　　］

(3) この文章の主題を、記号で答えましょう。（15点）

ア 二人の少女の心の通い合い
イ 二人の少女の精神的な成長
ウ 二人の少女の間に生じた対立

［　　　］

答えは93ページ

やってみよう

下のことわざの□に入る言葉をひらがなで書いて、クロスワードを完成させよう。

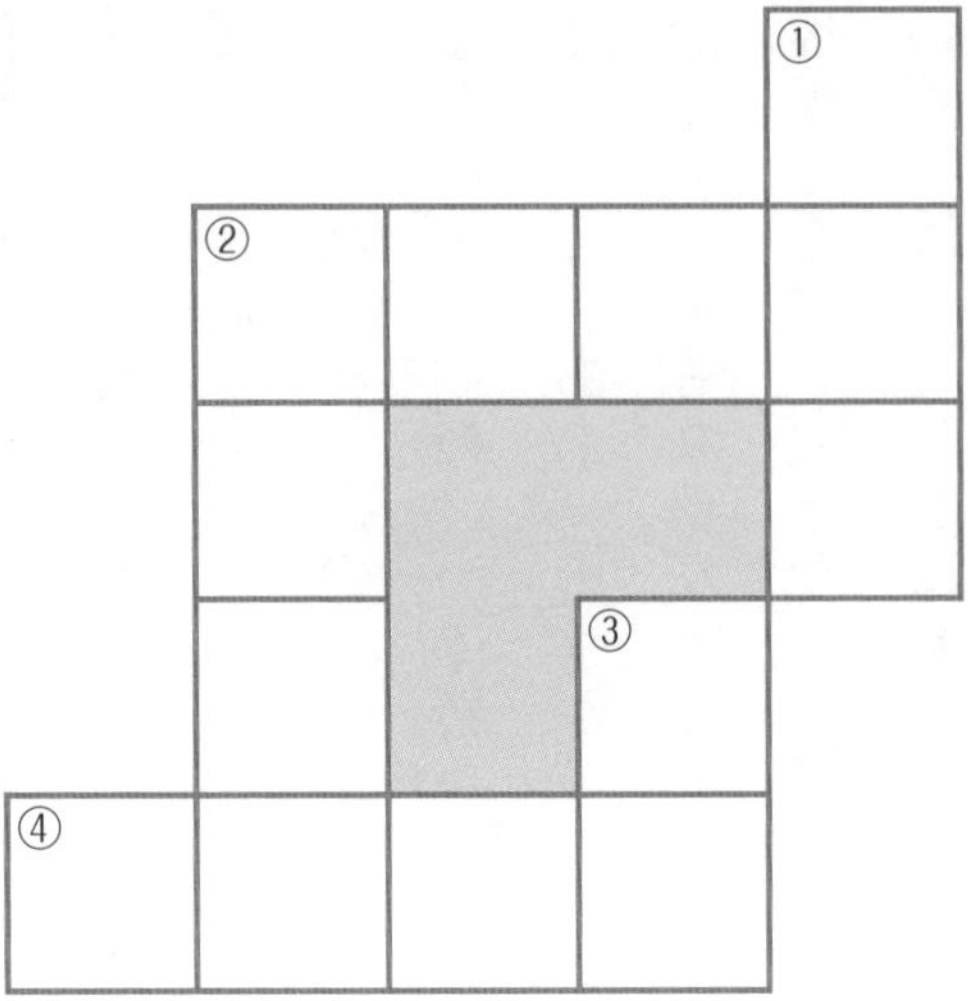

ヨコのかぎ

② □□□□にも筆の誤《あやま》り

④ □□□□より産むが易《やす》し

タテのかぎ

① 無理が通れば□□□が引っこむ

② □□□□矢のごとし

③ □□の一声

④は、心配していたけど、やってみると意外と簡単《かんたん》だという意味だよ。

答えは93ページ ☞

主題を読み取る ③

月　日
得点　　点／合格40点

●読んで、答えましょう。

お母さんの話では、おじいちゃんは認《にん》知《ち》症《しょう》になったのだという。だから、どんどんものを忘《わす》れてしまうのだ、と。

①タケシはこわくてたまらない。大好きなおじいちゃんは、いつかタケシのことも完全に忘れてしまうのだろうか。

おじいちゃんが突然《とつぜん》、タケシに言った。

「②いっしょに虫とりをしたなあ。カブト虫がとれた。おぼえとるか。」

「うん。忘れるもんか。」

タケシは、おじいちゃんの手をにぎった。忘れっぽくなったって、おじいちゃんはおじいちゃんだ。おじいちゃんが忘れるなら、その分、大切な思い出は全部、③ぼくがおぼえていればいい。

(1) ――線①の理由をまとめました。□に入る言葉を、文中からそれぞれぬき出しましょう。（20点）一つ10

□□□□□□□□が自分のことを□□□□□□ので はないかと思ったから。

(2) ――線②は、何の一つですか。文中から六字でぬき出しましょう。（15点）

□□□□□□の一つ。

(3) ――線③のタケシの気持ちを、記号で答えましょう。（15点）

ア おじいちゃんはたよりないから、自分がしっかりしよう。

イ おじいちゃんとのきずなを、自分が大切に守っていこう。

ウ おじいちゃんのことは、もうあきらめてしまおう。

［　　］

答えは93ページ

やってみよう

＊次の文の――線と同じ意味・使い方のものをあとから選び、記号で答えよう。

① 先生のお話を聞く。

ア ラジオの音。
イ 雨の降《ふ》る日。
［　　］

② 部屋から出る。

ア 寒いから着こむ。
イ ここから近い。
［　　］

③ 公園で遊ぶ。

ア ペンで書く。
イ 駅で友達を待つ。
［　　］

④ 母と出かける。

ア 犬と道を走る。
イ 走るとつかれる。
［　　］

答えは93ページ ☞

LESSON 21 主題を読み取る ④

月　日

得点　　点／合格40点

● 読んで、答えましょう。

石の上にすわっているうちに、①心の中がしんと静かになった。山路をふむ自分の足音が消え、頭の中でいろいろなことを考えていた自分の声が消え、ただ静けさだけが心に広がる。

すると、それまでは聞こえていなかったものが聞こえ始めた。そよ風にゆれる木の葉の音。どこかで鳴いている鳥の声。それらは、私《わたし》に何かを②語りかけているようだ。人の言葉ではないから、意味はわからない。けれども、なんだかとても親しい、なつかしい感じがした。

③そのときの私は、山野の中にいる一人の人間ではなく、山野の一部そのものになっていた。

---

(1) ――線①の理由をまとめました。□に入る言葉を、文中からそれぞれぬき出しましょう。(20点)一つ10

自分の□□や、頭の中の□が消えたから。

(2) ――線②について、何が「語りかけている」のですか。十字以内で書きましょう。(15点)

□□□□□□□□□□

(3) ――線③が感じていたものを、記号で答えましょう。(15点)

ア 自然との一体感
イ 社会との結びつき
ウ 生きる意志

［　　］

答えは93ページ ☞

やってみよう

＊ 次の文の――線と同じ意味・使い方のものをあとから選び、記号で答えよう。

① 母に絵をほめられる。
ア 声をかけられる。
イ この草は食べられる。
［　　］

② 次は算数の授業のようだ。
ア 妹はネコのようだ。
イ だれか来たようだ。
［　　］

③ 宝物《たからもの》をなくさないようにする。
ア 名前を知らない花。
イ もったいないことだ。
［　　］

④ 大声で兄を呼《よ》んだ。
ア この本を読んだ。
イ これは妹の教科書だ。
［　　］

答えは93ページ ☞

結論《けつろん》を読み取る ①

月　日
得点　　点　合格40点

● 読んで、答えましょう。

近年、新しい外来語がどんどん増えている。たとえば、「①コンプライアンス」。「法令を守ること」といった意味で使われているが、それなら「法令遵守《ほうれいじゅんしゅ》」という、これまでの日本語で間に合うはずだ。

②使う必要があるから外来語が増えるのだ、という意見もある。だが、「コンプライアンス」を例に考えると、この意見には賛成できない。

もちろん、私《わたし》も、外来語を絶対に使ってはいけないと主張するわけではない。ただ、日本語で表現できる物事にまで、わざわざ新しい外来語を使うのは感心しない。外来語は、日本語では表現できない物事を表すためだけに使うべきだ。

(1) ――線①は、何の例として挙げられていますか。六字でぬき出しましょう。（15点）

□□□□□□の例。

(2) ――線②に対する筆者の意見をまとめました。□に入る言葉を、文中からそれぞれぬき出しましょう。（20点）一つ10

外来語の「コンプライアンス」を使わなくても、「□□□□」という日本語で間に合うことを考えると、この意見には□□できない。

(3) この文章の結論《けつろん》を一文でぬき出しましょう。（15点）

［　　　　］

答えは93ページ

やってみよう

✿ 次の熟語《じゅくご》と同じ構成の熟語をあとから選び、記号で答えよう。

① 思考 [　　]　② 強弱 [　　]

③ 直線 [　　]　④ 乗車 [　　]

⑤ 大勝利 [　　]　⑥ 共通語 [　　]

⑦ 有言実行 [　　]　⑧ 春夏秋冬 [　　]

ア 明暗　イ 黒板　ウ 読書　エ 運送　オ 芸術家

カ 起承転結《きしょうてんけつ》　キ 交通整理　ク 銀世界

答えは93ページ ☞

結論《けつろん》を読み取る ②

月　日
得点
点　合格40点

● 読んで、答えましょう。

情報社会を生きぬくためには、どんな力が必要でしょうか。

まず自分で問題を設定する力が必要です。次に必要なのは、情報を選び取る力です。

［　］、ここにある人がいるとします。その人が何もしなければ、情報に流されるばかりです。しかし、もし「障害《しょうがい》のある人を助けるためにはどうすればよいか。」という問題を、自分で設定することができたなら、問題解決のための情報を探《さが》すことができます。そして、次に正しく情報を選び取ることができれば、いずれその問題を解決できるでしょう。情報を活用して生きることができるのです。

(1) ［　］に入る言葉を、記号で答えましょう。（15点）

ア たとえば　イ でも　ウ だから

［　］

(2) この文章の組み立てを、記号で答えましょう。（15点）

ア 問題提起→具体例→結論《けつろん》
イ 問題提起→結論→具体例
ウ 具体例→結論→問題提起

［　］

(3) 筆者の結論をまとめました。［　］に入る言葉を、文中からそれぞれぬき出しましょう。（20点）一つ10

情報社会を生きぬくためには、自分で問題を［　　　　］力と、情報を［　　　　］力が必要だ。

答えは94ページ

やってみよう

＊次の——線の漢字の読み方を書こう。

① 町で迷子になる。〔　　　〕

② 弟はうそをつくのが下手だ。〔　　　〕

③ 姉は果物が好きです。〔　　　〕

④ 美しい景色を見る。〔　　　〕

⑤ 眼鏡をかける。〔　　　〕

⑥ 河原で石を拾う。〔　　　〕

⑦ 今朝はとても寒い。〔　　　〕

⑧ 八百屋でトマトを買う。〔　　　〕

答えは94ページ

結論《けつろん》を読み取る ③

月　日
得点　　点　合格40点

●読んで、答えましょう。

昔はよかった。美しい自然の中で、人間は牧歌的な生活を送っていた。だが、科学の進歩とともに自然は破壊《はかい》された。だから、科学の進歩は悪である。こうした主張は、①極端《きょくたん》な伝統主義である。

科学の進歩によって人々の生活は向上する。生活の向上のためには、少しくらいの自然破壊はがまんするべきだ。こちらは、②極端な進歩主義と言えるだろう。

環境《かんきょう》問題を解決するにあたって、この二つの主義は、そのままでは役立たない。だが、これを組み合わせた新しい道がある。「昔のままの美しい自然を守るべきだ。そのためには、科学の進歩を利用するのがよい。」これがその新しい道である。

---

(1) ——線①についてまとめました。次の□に入る言葉を、五字でぬき出しましょう。（10点）

自然を破壊する［　　　　　］は悪である、という考え。

(2) ——線②についてまとめました。□に入る言葉を、文中からそれぞれぬき出しましょう。（20点）一つ10

科学の進歩による、生活の［　　］のために、少々の［　　　　］はがまんするべきだ、という考え。

(3) 筆者はどんな結論《けつろん》を出していますか。「自然」「利用」という言葉を使って書きましょう。（20点）

「　　　　　　　　」という結論。

答えは94ページ

やってみよう

✿ 次の——線の漢字の読み方を書こう。

① 税金を納める。［　　　］

② よけいな物を除く。［　　　］

③ 墓に花を供える。［　　　］

④ 詩を朗読する。［　　　］

⑤ 純白のドレスを着る。［　　　］

⑥ 諸国を旅する。［　　　］

⑦ 憲法を守る。［　　　］

⑧ 力強く宣言する。［　　　］

答えは94ページ ☞

まとめテスト ⑤

月　日

得点　　点　合格40点

● 読んで、答えましょう。

理華《りか》は、ピアノのけんばんの前で少し考えこんだ。あと少しひいておこうか。

もう一度だけ、通して演奏《えんそう》してみる。指がおどろくほどなめらかに動く。この三か月の練習の成果だ。［①］。

部屋に入ってきたお母さんが言った。

「明日の発表会、なんだかお母さんのほうが、緊張《きんちょう》してしまいそう。」

そうはいっても母は、発表会が［②］なようだ。笑顔で分かる。でも、気にかけてくれる気持ちはありがたいな。

とにかく、③どれだけ緊張したって、心配することはない。しっかり練習したのだ。どんな緊張もふきとばすくらいに。

明日はきっとやってみせる！

(1) ［①］に入る言葉を、記号で答えましょう。（10点）
ア 悲しい　イ うれしい
ウ おかしい　エ つらい
［　　］

(2) ［②］に入る言葉を、考えて書きましょう。（15点）
［　　］

(3) ——線③と言える理由をまとめました。□に入る言葉を、二字でぬき出しましょう。（10点）
［　　］の成果に自信があるから。

(4) この文章の主題を、記号で答えましょう。（15点）
ア 自信と不安の間でゆれる心
イ 母親に対して反発する心
ウ 発表会に向けて高まる心
［　　］

答えは94ページ☞

やってみよう

次の□に漢字を書こう。

① □□《ゆうしょう》に手が□《とど》く。

② □□《ぎゅうにゅう》に少し□□《とうぶん》を加える。

③ □《わか》い力で□□《かいかく》を行う。

④ □《はげ》しい口調で□□《ひてい》した。

⑤ 事業の□□《かくだい》は□□《かんたん》ではない。

答えは94ページ ☞

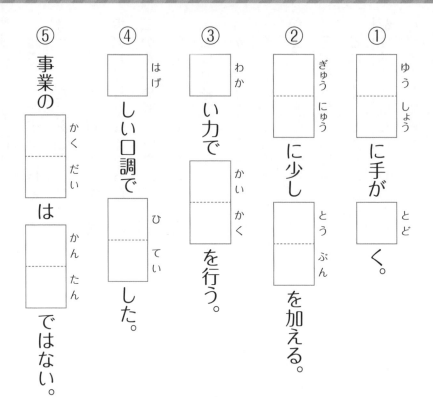

まとめテスト ⑥

月　日

得点　　点　合格40点

● 読んで、答えましょう。

一年中温暖《おんだん》で雨の多い地域《ちいき》の森を、熱帯雨林とよぶ。この熱帯雨林が、近年どんどん縮小《しゅくしょう》している。

①もし熱帯雨林が完全になくなってしまったら、どうなるか。まず、熱帯雨林周辺の自然が破壊《はかい》される。また、そこでくらしている人々の生活も成り立たなくなる。それだけではない。地球の気候が変動して、世界中の農業に大打撃《だげき》をあたえる可能性がある。それから、熱帯雨林の動植物は、新薬の原材料になると②期待されているのだが、熱帯雨林がなくなってしまうと、その期待もむなしくなってしまう。

したがって、どうしても［③］。

(1) この文章は何について書かれていますか。(10点)
［　　　　］の縮小について。

(2) ——線①の答えは、いくつ挙げられていますか。記号で答えましょう。(10点)
ア 二つ　イ 三つ　ウ 四つ
［　　］

(3) ——線②とは、どんな期待ですか。(15点)
［　　　　　　］

(4) ［③］に入る結論《けつろん》を、記号で答えましょう。(15点)
ア 熱帯雨林を破壊する必要がある
イ 熱帯雨林を開発する必要がある
ウ 熱帯雨林を守る必要がある
［　　］

答えは94ページ

やってみよう

次の□に漢字を書こう。

① □□《かたほう》の目を□《と》じる。

② たくさんの□□《きちょう》な品を□□《はいけん》する。

③ わたしは□《まど》ふきの□□《たんとう》になった。

④ マッチ□《ぼう》で船の□□《もけい》を作る。

⑤ かれは□□《ぜんこう》を積んで、□□《せいじゃ》とよばれた。

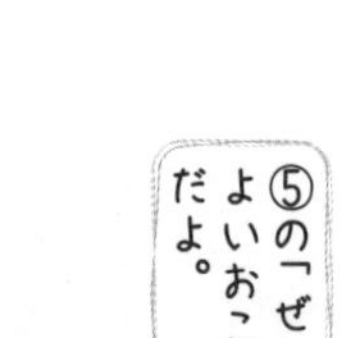

答えは94ページ

説明文・論説文《ろんせつぶん》 ①

月　日
得点
点　合格40点

●読んで、答えましょう。

名前に「アリ」とついているが、シロアリはアリの仲間ではない。

アリは、幼虫《ようちゅう》からさなぎの時期をへて成虫になる完全変態の昆虫《こんちゅう》である。これに対してシロアリは、さなぎの時期を持たない不完全変態の昆虫である。つまり、アリとシロアリとでは、成長の仕方が全く異《こと》なっているわけだ。

［①］、種類がちがうはずのアリとシロアリの生活の仕方が、たいへんよく似ているのである。どちらも社会生活を営む。そのため、②アリもシロアリも社会性昆虫とよばれている。もちろん人間の社会とは大きくちがうのだが、実に見事に役割分担《やくわりぶんたん》がなされている。

(1) アリとシロアリのちがいを、五字でぬき出しましょう。（10点）

(2) アリとシロアリが似ているところを、五字でぬき出しましょう。（10点）

(3) ［①］に入る言葉を、記号で答えましょう。（10点）

ア ところが　　イ ところで
ウ だから　　エ それとも

［　　］

(4) ――線②の理由を書きましょう。（20点）

［　　］

答えは94ページ

やってみよう

次の□に共通して入る部首を書こう。

① □完 □艮 □方 → [　]

② □射 □戠 □志 → [　]

③ □色 □圣 □内 → [　]

④ □安 □元 □玉 → [　]

⑤ 埶□ 然□ 孰□ → [　]

答えは94ページ ☞

物語①

月　日
得点　点　合格40点

● 読んで、答えましょう。

そのとき若葉《わかば》は、友達の弘美《ひろみ》といっしょに目玉焼きを作る練習をしていた。フライパンは熱くなっている。①いよいよ卵《たまご》を割《わ》るときがきた。

コンロにはもう火がついていて、フライパンは熱くなっている。

まだ割れない。もっと力を入れる。両手の指に力を入れなければ。でも、力を入れすぎると、黄身がこわれてしまう。②指がふるえる。

突然《とつぜん》、弘美がコンロの火を止めた。

若葉は、③目を丸くして弘美を見た。

「若葉さあ、火がついてるから緊張《きんちょう》するんでしょ。④卵を落としてから、あとで火をつければいいよ。」

若葉は、こくこくとうなずいた。

「それって、とてもいい考えよね。」

(1) ——線①の意味を、記号で答えましょう。(10点)

ア ますます　イ ついに

ウ 早くも　エ たしかに

［　　］

(2) ——線②から読み取れる若葉の様子についてまとめました。□に入る言葉を、二字でぬき出しましょう。(15点)

□□している様子。

(3) ——線③に表れた、若葉の気持ちを書きましょう。(15点)

［　　］

(4) ——線④について、若葉はどう思ったか、書きましょう。(10点)

［　　］と思った。

答えは94ページ

やってみよう

✻ 下のことわざ・慣用句の□に入る言葉をひらがなで書いて、クロスワードを完成させよう。

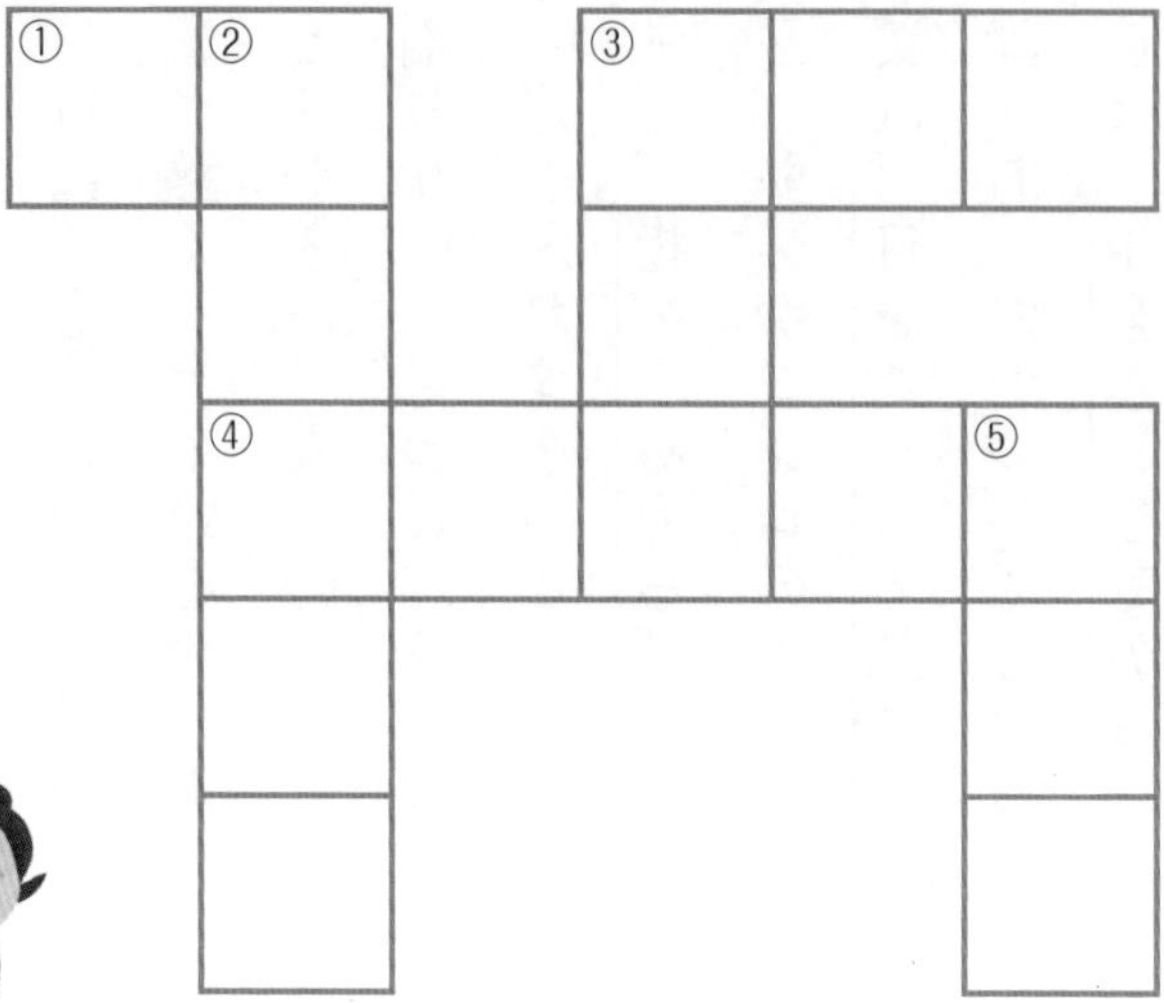

ヨコのかぎ

① あいた□□がふさがらない

③ □□□飛ばず

④ □□□□□を引かれる

タテのかぎ

② □□□□□につりがね

③ 習うより□□□

⑤ □□□のたましい百まで

答えは94ページ ☞

LESSON 29

随《ずい》筆《ひつ》①

月　日
得点　点　合格40点

● 読んで、答えましょう。

①知ったかぶりは、よくないこととされている。本当にそうだろうか。

若《わか》いころ友人と話していて、フランスのドーデという作家の話になった。私《わたし》はドーデなんか全く知らなかったが、知っているふりをして、「ドーデもいいねえ。」などと答えた。そして、友人と別れるとすぐに本屋でドーデの本を買って勉強した。②この本はとてもおもしろかった。

もし知ったかぶりをしなかったら、友人の話を聞くだけで、私はその本を読まなかっただろう。

ということは、知ったかぶりにも、よいところはあるわけだ。ただし、それをきっかけに勉強をすれば、の話だが。

(1) ──線①の意味をまとめました。□に入る言葉を、七字でぬき出しましょう。（15点）

知らないのに［　　　　　　　］をすること。

(2) ──線②についてまとめました。□に入る言葉を、文中からそれぞれぬき出しましょう。（20点）一つ10

［　　］で買った［　　　］の本。

(3) 「知ったかぶり」に対する筆者の考えを、記号で答えましょう。（15点）

ア どんな場合でもよくないものだ。

イ 条件次第《しだい》でよいものになる。

ウ 本当はとてもよいものだ。

［　　］

答えは94ページ

やってみよう

＊次の――線の言葉を、漢字と送りがなで書こう。

① 夕日によって、空が赤くそまる。［　　　］

② 風が強いので、窓《まど》をしめる。［　　　］

③ 両親をうやまう気持ちをもつ。［　　　］

④ 神社で手を合わせておがむ。［　　　］

⑤ 試合の時間をのばす。［　　　］

⑥ 母にたのまれた用事をすます。［　　　］

答えは94ページ

詩 ①

月　日

得点　点　合格 40点

● 読んで、答えましょう。

紙飛行機を未来に飛ばせ

①紙飛行機が空を飛ぶように
ぼくらの夢も空を飛ぶ

紙飛行機が地に落ちるように
ぼくらの夢も地に落ちる
②つばさがよごれる　現実というどろで

紙飛行機をひろえ
何度でも空に飛ばせ
落ちた夢をだきあげろ
あきらめずにまた空に飛ばせ
未来という空は
どこまでも広がっている

(1) ──線①がたとえているものを、五字でぬき出しましょう。（15点）

(2) ──線②の表現のくふうを、記号で答えましょう。（15点）

ア 人のようにえがいている。
イ 言葉の順番を入れかえている。
ウ 物を表す言葉で文を終わらせている。

［　　］

(3) この詩から読み取れる作者の思いをまとめました。□に入る言葉を、詩からそれぞれぬき出しましょう。（20点）一つ10

夢を□に、□挑戦《ちょうせん》しよう、という思い。

答えは94ページ

やってみよう

✿ 次の――線の言葉を、漢字と送りがなで書こう。

① とうとい命を守る仕事。 〔　　〕

② 夏休みに祖母の家をたずねる。 〔　　〕

③ 先生からおみやげをいただく。 〔　　〕

④ 平和な日々をくらす。 〔　　〕

⑤ ボールが当たって窓《まど》がわれた。 〔　　〕

⑥ ようやく目的地にいたる。 〔　　〕

答えは94ページ ☞

説明文・論説文《ろんせつぶん》 ②

月　日
得点
点／合格40点

● 読んで、答えましょう。

「あることをしてもいい、しなくてもいい資格」のことを「権利《けんり》」という。また、「しなくてはならない、してはならないこと」を「義務」という。

この「権利」と「義務」は、対義語である。しかし、①それは両者が完全に正反対のものだということではない。

②、品物を買うためにお金をはらったのに、相手が品物をよこさなかったとしよう。これを放っておくと、世の中に不正がはびこる。だから、③きちんと品物をよこすよう、権利を主張しなくてはならない。この場合、権利の主張は義務であるとも言える。このように、権利と義務は④することがある。

(1) ――線①が指すものを、文中からぬき出しましょう。(10点)

［　　　　］

(2) ②に入る言葉を、記号で答えましょう。(10点)

ア だから　イ それとも
ウ たとえば

［　　　　］

(3) ――線③の理由をまとめました。□に入る言葉を、七字でぬき出しましょう。(15点)

権利を主張しないと、世の中に□□□□□□□から。

(4) ④に入る言葉を、記号で答えましょう。(15点)

ア 一体化　イ 対立
ウ 画一化

［　　　　］

答えは95ページ

やってみよう

次の――線の言葉を、漢字と送りがなで書こう。

① ホテルに荷物をあずける。〔　　〕

② 悲しいニュースに心をいためる。〔　　〕

③ 先頭とのきょりをちぢめる。〔　　〕

④ 先生の指示にしたがう。〔　　〕

⑤ 次の駅で列車からおりる。〔　　〕

⑥ 算数のテストで答えをあやまる。〔　　〕

答えは95ページ ☞

古文①

月　日

得点　点　合格35点

● 読んで、答えましょう。

①つれづれなるままに、日暮《ひぐ》らし、
することがないまま、一日じゅう
硯《すずり》に向かひて、(い)心にうつりゆく
すずりに向かって、心にうかんでは消えていく
よしなしごとを、そこはかとなく
たわいのないことを、とりとめもなく
②書きつくれば、あやしう(しゅう)こそ
書きつけていると、不思議なくらい
ものぐるほし(お)けれ。
気が変になるような感じがする。

（兼好法師《けんこうほうし》「徒然草《つれづれぐさ》」）

(1) ――線①の様子を、記号で答えましょう。（15点）
ア　いそがしい様子
イ　つかれはてた様子
ウ　ひまな様子
［　　］

(2) ――線②は、何を書きつけているのですか。古文中から十三字でぬき出しましょう。（20点）

(3) この古文には、何が表現されていますか。記号で答えましょう。（15点）
ア　よい文章を書こうという決意
イ　文章を書くときの不思議な気分
ウ　うまく文章が書けない苦しさ
［　　］

答えは95ページ☞

やってみよう

✱ 次の□に漢字を書こう。

①
- □□《じどう》や生徒。
- □□《じどう》ドア。

②
- □□《こうか》な商品。
- 薬の□□《こうか》。

③
- □□《しゅうかん》天気予報。
- □□《しゅうかん》誌《し》の発行。
- 早起きの□□《しゅうかん》。

④
- 技術□□《かくしん》を進める。
- 勝利を□□《かくしん》した。

答えは95ページ

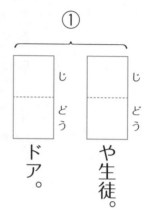

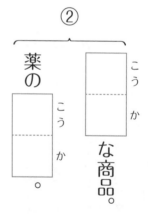

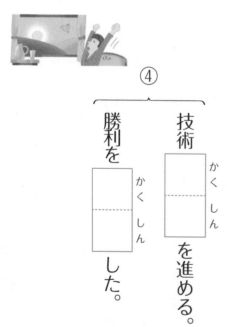

物　語②

月　日
得点
点／合格40点

● 読んで、答えましょう。

竹田君は、ぼくのベッドの上にねて、ピーナツを食べていた。ふくろから一つぶ取り出しては［①］と上に投げる。落ちてきたピーナツを［②］と口に入れる。

ぼくは、思い切って言った。

「ぼく、引っこすことになったんだ。」

「えっ。」

③竹田君が、初めて口でピーナツを受けそこなった。

「いつ？　どこに？」

「九月になったらすぐ。東京《とうきょう》に。」

「遠いなあ。それじゃあ……。」

竹田君はじっと考えこんでから言った。

「それまでに④思い出を作らなきゃ。夏休みの間、二人だけでいっぱい遊ぼう。」

(1) ［①］・［②］に入る言葉を、記号で答えましょう。（20点）一つ10

ア パクリ　イ スルリ
ウ ピーン　エ ポーン

①［　　］　②［　　］

(2) ——線③のときの竹田君の気持ちを、記号で答えましょう。（15点）

ア よろこび　イ おどろき
ウ 悲しみ

［　　］

(3) ——線④とありますが、「思い出を作る」とは、具体的にどうすることか、書きましょう。（15点）

［　　］

答えは95ページ

やってみよう

次の□に漢字を書こう。

①
精密《せいみつ》□□《きかい》。
人に会う□□《きかい》。
□□《きかい》体操《たいそう》。

②
□□《じこ》にあう。
□□《じこ》紹介《しょうかい》。

③
観察の□□《たいしょう》。
□□《たいしょう》的な二人。

④
樹木《じゅもく》に□□《きせい》する生物。
交通□□《きせい》。
お墓参りに□□《きせい》する。

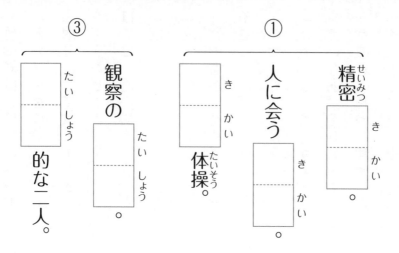

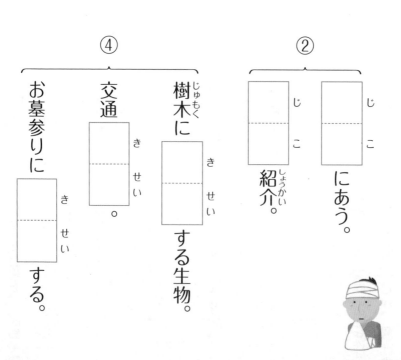

随《ずい》 筆《ひつ》 ②

月　日
得点　　点　合格40点

● 読んで、答えましょう。

小学校低学年のころの私《わたし》は、男の子とばかり遊んでいる女の子でした。二人の兄にくっついて遊びに出かけると、自然と①そんなふうになるのです。兄の友達の男の子たちといっしょに野山をかけ回り、いつも手や顔を、草のしるやどろでよごしていました。

そんな私でも、自分が女の子であることを強く意識する日がありました。②年に一度のひな祭りの日です。ひな段《だん》にならぶいくつものお人形に、兄たちはあまり関心を示しません。③お人形たちも、私にだけ語りかけてくるようでした。そして、そんなふうに思うことで、なぜか私は得意な気持ちになるのでした。

(1) ――線①がどのようになるか、まとめました。□に入る言葉を七字でぬき出しましょう。（15点）

□□□□□□□遊ぶようになる。

(2) ――線②は、筆者にとってどんな日か、書きましょう。（15点）

［　　　　］

(3) ――線③に対する筆者の気持ちをまとめました。□に入る言葉を、文中からそれぞれぬき出しましょう。（20点）一つ10

お人形が自分にだけ□□□□□くるような気がして、□□な気持ちになっている。

答えは95ページ

やってみよう

次の――線の漢字の読み方を書こう。

① 場を盛り上げる。［　　］

② 海の潮が満ちる。［　　］

③ 針で指をさす。［　　］

④ 厳《きび》しく処分する。［　　］

⑤ 派手な色の服。［　　］

⑥ すぐれた頭脳。［　　］

⑦ 仁義に反する行動。［　　］

⑧ みんなで討論する。［　　］

答えは95ページ☞

説明文・論説文《ろんせつぶん》③

月　日
得点
点／合格40点

● 読んで、答えましょう。

①森林は、緑のダムとよばれる。それは、森林もダムと同じように水をたくわえる力を持っているからである。

森林の表土には、落葉や落ちた枝などの堆積《たいせき》物が積もっている。また、②そこにはミミズなどの土壌《どじょう》生物が多く住んでいる。そのため、スポンジのように水をたくわえておくことができるのである。

雨が降《ふ》りすぎたとき、森林は水をためてゆっくりと河川に流す。③、森林のある土地では、洪水《こうずい》が起きにくい。また、雨が降らないときでも、ためておいた水を少しずつ河川に流すので、渇水《かっすい》が起こりにくくなる。このように、森林は洪水や渇水を防ぐのに④のである。

(1) ——線①の理由をまとめました。□に入る言葉を、七字でぬき出しましょう。（15点）

森林には、ダムと同じく、［　　　　　　　］力があるから。

(2) ——線②が指す言葉を、五字でぬき出しましょう。（10点）

［　　　　　］

(3) ③に入る言葉を、ひらがな三字で書きましょう。（10点）

［　　　］

(4) ④に入る言葉を、記号で答えましょう。（15点）

ア たいへん役立つ
イ 少しも役立たない
ウ あまり関係がない

［　　］

答えは95ページ

やってみよう

次の□に漢字を書こう。

① 勇気を□《ふる》って、□《わけ》を話す。

② □《つくえ》の上に□□《ゆうびん》物がある。

③ 新しい□□《せいとう》の事務所が□□《くいき》にある。

④ □□《いちだん》高い所に上がって□□《えんそう》した。

⑤ 会場を□□《けいび》する時間を□□《えんちょう》する。

答えは95ページ ☞

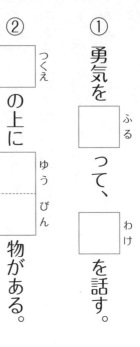

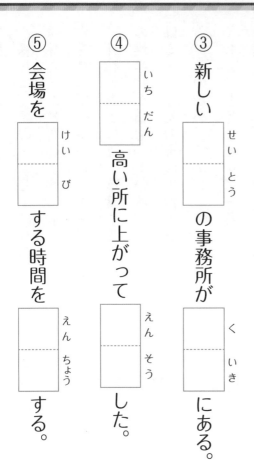

詩 ②

月　日
得点
点／合格40点

読んで、答えましょう。

空はすっきりと晴れて
光があふれている
[　　]

[①]
あの八月の太陽の熱は　もうない
アスファルトからの照り返しも
なんだかおとなしい

風がふく
風は私《わたし》の耳元でささやく
[②]は終わったよ
忘《わす》れものをしたようで
その忘れものが何か思い出せなくて
なぜだか私は　少しさびしい

---

(1) [①]に入る言葉を、記号で答えましょう。(10点)
ア だから　イ でも
ウ ところで
[　　]

(2) [②]に入る季節を、漢字一字で書きましょう。(10点)
[　　]

(3) この詩で表現されていることを、記号で答えましょう。(15点)
ア 季節ごとの自然の美しさ
イ 厳《きび》しい季節を生きぬく強さ
ウ 季節の変化に感じる心情
[　　]

(4) この詩の題名を、記号で答えましょう。(15点)
ア 九月の太陽　イ 九月の風
ウ 一月の太陽　エ 一月の風
[　　]

答えは95ページ

やってみよう

次の□に漢字を書こう。

① □□《こくもつ》を□《す》てるのはもったいない。

② □《いずみ》の底にきれいな□《すな》が見える。

③ そこは□□《ようじ》の□□《ざせき》です。

④ 知人の□□《しゅうしょく》のために□《ほね》を折る。

⑤ □□《よくじつ》まで患者《かんじゃ》を□□《かんびょう》する。

④の「ほねを折る」は、
力をつくすということ
だよ。

答えは95ページ

物語③

月　日
得点
点／合格40点

● 読んで、答えましょう。

私《わたし》のおじいさんが若《わか》いころ、色白の女の子に出会ったそうです。イネかりが終わったばかりの田んぼを、のんびり歩いていたときのことだといいます。

①その子は、おじいさんのところにかけよると、こう言いました。

「お兄さん、大変よ。大変よ。」

おじいさんも、そのころは「お兄さん」とよばれるくらい若かったのです。もう空はうす暗くなっていたのですが、女の子の着物の後ろからは、しっぽの先っぽが見えていました。おじいさんは目ざとくそれを見つけると、こう思いました。

②「こいつの正体はキツネだな。よしっ。何をするつもりか、確かめてやるぞ。」

(1) この物語の場面を、記号で答えましょう。（10点）

ア 夏の朝　イ 秋の夕方
ウ 冬の夜

［　　］

(2) ――線①が指すものを、六字でぬき出しましょう。（10点）

［　　　　　　］

(3) ――線②とありますが、おじいさんがそう思ったのは、なぜですか。（15点）

［　　　　　　］

(4) おじいさんは、どんな人ですか。記号で答えましょう。（15点）

ア うっかり者　イ 観察力のある人
ウ 勇気のない臆病《おくびょう》な人

［　　］

やってみよう

次の文字を組み合わせて、一字の漢字を作ろう。

① 口 糸 月 → [　　]

② ム 心 穴 → [　　]

③ 米 八 刀 → [　　]

④ 厂 日 子 → [　　]

⑤ 日 月 皿 → [　　]

⑥ 言 士 心 → [　　]

答えは95ページ

古 文②

月　日

得点

点　合格40点

● 読んで、答えましょう。

月日は①百代《はくたい》の過客《かかく》にして、
月日は永遠に旅を続ける旅人のようなものであり、

行きかふ年《(こう)》もまた［②］なり。
行き来《き》する年もまた［②］のようである。

舟《ふね》の上に生涯《しょうがい》をうかべ、
一生を船の上で過ごす船頭や、

馬の口とらへ《(え)》て老いを迎ふる《(むかう)》者は、
馬のくつわをとり、老いを迎える馬子*は、

日々旅にして③旅をすみかとす。
日々が旅であり、旅をすみかとしている。

（松尾芭蕉《まつおばしょう》「おくのほそ道」）

*馬子＝馬を引いて荷物や人を運ぶ仕事をしている人。

(1) ――線①とは何ですか。現代語訳から十字でぬき出しなさい。（10点）

(2) ［②］に共通して入る言葉を、現代語訳から探《さが》して、二字でぬき出しましょう。（10点）

(3) ――線③の例を、現代語訳から二字で二つ探し、ぬき出しましょう。（10点）一つ5

・

(4) この現代語訳の中で、作者が「旅人」としているものを、すべてぬき出しましょう。（20点）

［　　　］

答えは95ページ

やってみよう

下のことわざ・慣用句の□に入る言葉をひらがなで書いて、クロスワードを完成させよう。

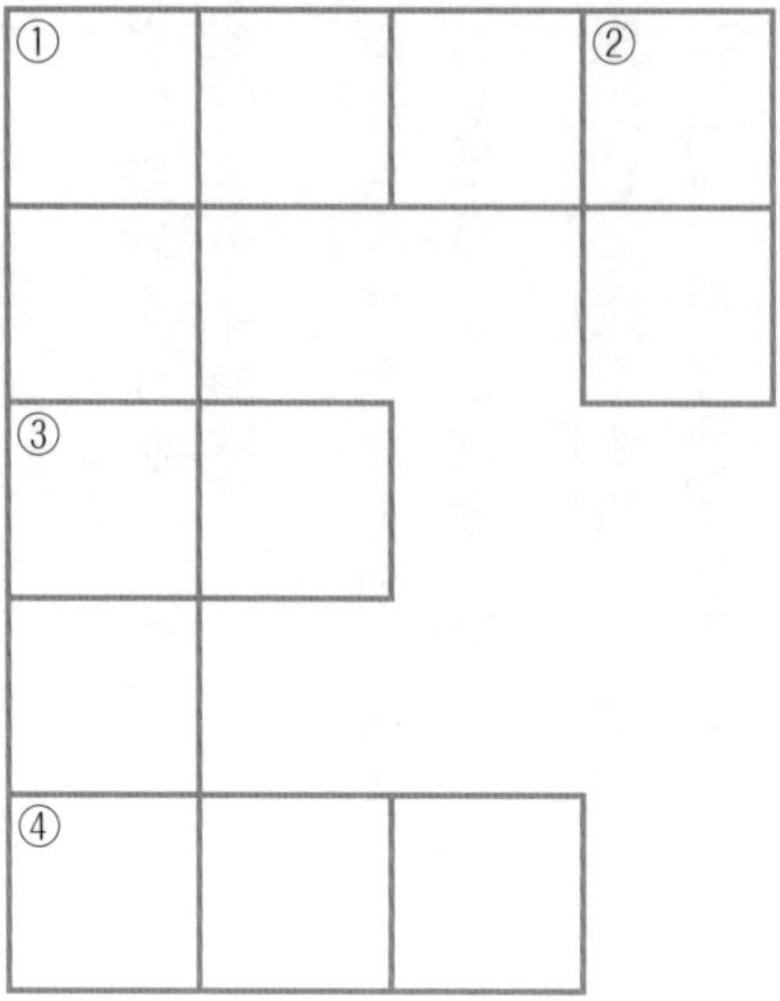

ヨコのかぎ

① □□□□もと暗し

③ □□から手が出る

④ □□□をぬかす

タテのかぎ

① かめの甲《こう》より□□□□□

② □□の上にも三年

答えは95ページ ☞

説明文・論説文《ろんせつぶん》 ④

月　日
得点
点／合格40点

●読んで、答えましょう。

昔は、暗記の得意な子が頭のよい子だと思われていました。学習とは、とにかく物を覚えることだったのです。これを仮に①記憶重視学習《きおくじゅうしがくしゅう》とよびましょう。

その後、教育の世界では、自分の頭で考える独創性《どくそうせい》を育てることが大切だという考えが広まりました。この考え方によれば、学習とは自分で考える力を身につけることだ、ということになります。こちらを独創性重視学習とよびましょう。

この二つはむじゅんしません。［②］、独創性を発揮《はっき》するためには知識が必要だからです。［③］、ある程度、物を覚えた上で、自分の頭で考えることによって、独創性が生まれるのです。

(1) ——線①と対比されている言葉を、七字でぬき出しましょう。（10点）

［　　　　　　　］

(2) ［②］・［③］に入る言葉を、記号で答えましょう。（20点）一つ10

ア だが　イ たとえば
ウ つまり　エ なぜなら

②［　］　③［　］

(3) 「独創性」に対する筆者の考えをまとめました。□に入る言葉を、文中からそれぞれぬき出しましょう。（20点）一つ10

独創性とは、覚えた［　　］を土台に、［　　　］で考えることで生まれるものである。

答えは96ページ ☞

やってみよう

✱ 次の□に漢字を書こう。

①
- 黒板の字を□《うつ》す。
- 鏡に姿《すがた》を□《うつ》す。
- 本の置き場を□《うつ》す。

②
- 席を□《あ》ける。
- 窓《まど》を□《あ》ける。
- 長い夜が□《あ》ける。

③
- 本屋で本を□《か》う。
- 室内で犬を□《か》う。

④
- 服装《ふくそう》を□《ととの》える。
- 費用を□《ととの》える。

答えは96ページ ☞

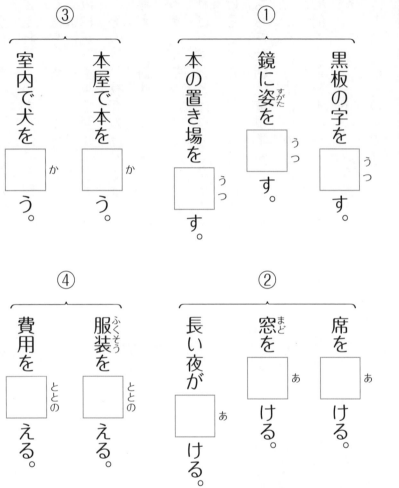

詩 ③

月　日
得点　　点 ／ 合格40点

● 読んで、答えましょう。

教室で

三十年以上も昔
①西日の差す中学の教室で
②友はぼくにこう言った
今までの親切ありがとう
君のことは忘《わす》れない
それだけ言って
③遠くに引っこしていった君
友よ　あれから君に会わないが
あのときのうれしい言葉を
ぼくは今でも忘れない
ありがとうと言いたいのは
［④］のほうだった

(1) ――線①から、この詩が一日のどの時間帯のことか、記号で答えましょう。(10点)
ア 朝　イ 正午ごろ
ウ 夕方　エ 夜
［　　］

(2) ――線②とありますが、言った内容を、二行でぬき出しましょう。(15点)
［　　］

(3) ――線③はだれのことか、一字でぬき出しましょう。(10点)
□

(4) ［④］に入る言葉を、詩の中からぬき出しましょう。(15点)
［　　］

答えは96ページ ☞

やってみよう

✱ 次の□に漢字を書こう。

①
- 技術の習得に□《つと》める。
- 会社に□《つと》める。
- 委員長を□《つと》める。

②
- 線の長さを□《はか》る。
- 塩の重さを□《はか》る。
- 時間を□《はか》る。

③
- 地震《じしん》に□《そな》える。
- お墓に花を□《そな》える。

④
- 血液□《がた》を調べる。
- 自由□《がた》で泳ぐ。

答えは96ページ☞

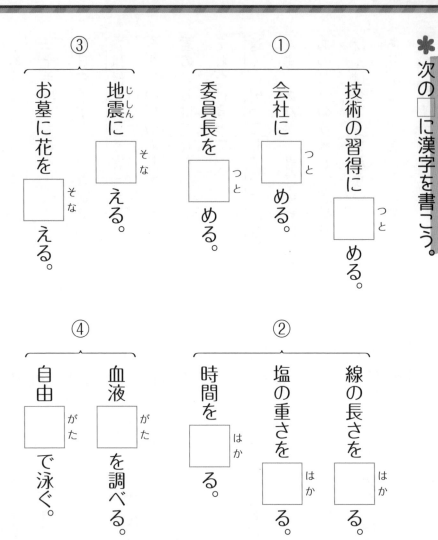

物語④

月　日

得点　　点／合格40点

● 読んで、答えましょう。

浩太《こうた》は、テーブルの上に白い紙がのっているのを見つけた。見ると、お母さんの字で、こう書いてある。

「綾子《あやこ》が事故にあったので、病院に行ってきます。外に出ないで待っててね。」

①浩太の心ぞうが急に速く動き出した。

「事故って、交通事故かな。綾子、死んでしまうのかな。」

浩太は、妹の綾子と毎日けんかばかりしている。それなのに、目になみだがあふれてきた。それは、浩太が本当は綾子のことを［②］証拠《しょうこ》だった。

「いったい、どうすればいいんだ。」

浩太は、紙を手に持ったまま混乱《こんらん》し、③テーブルの周りをぐるぐる回った。

---

(1) ――線①の理由をまとめました。□に入る言葉を、文中からそれぞれぬき出しましょう。（20点）一つ10

綾子が［　　］にあったと知り、［　　　　］のではないかと、心配になったから。

(2) ［②］に入る言葉を、記号で答えましょう。（10点）

ア　どうでもいいと思っている
イ　苦手だと思っている
ウ　大切に思っている

［　　］

(3) ――線③のときの浩太の気持ちをまとめました。□に入る言葉を、文中からそれぞれぬき出しましょう。（20点）一つ10

［　　　　］いいのかわからず、［　　］する気持ち。

答えは96ページ

やってみよう

✱次の漢字の部首名をあとから選び、記号で答えよう。

①述［　　］

②性［　　］

③座［　　］

④判［　　］

⑤痛［　　］

⑥拝［　　］

ア てへん　**イ** りっしんべん　**ウ** りっとう

エ まだれ　**オ** やまいだれ　**カ** しんにょう・しんにゅう

答えは96ページ☞

漢文

月　日
得点　　点／合格40点

● 読んで、答えましょう。

①子《し》曰《い(わ)》く、
先生がおっしゃった、
「学びて時に之《これ》を習ふ《(う)》、
「学問をして、機会のあるごとに復習をするのは、
②亦《ま》た説《よろこ》ばしからずや。
なんとうれしいことではないか。
朋《とも》有《あ》り遠方より来たる、
友人がいて、遠くから訪《たず》ねてきてくれるのは、
亦た楽しからずや。
なんと楽しいことではないか。
人知らずして慍《いきどお》らず、
他人が自分を理解してくれなくてもおこらないとは、
③亦た君子《くんし》ならずや。」と。
なんと立派《りっぱ》な人物ではないか。」と。

（「論語《ろんご》」）

(1) ――線①の意味を、記号で答えましょう。（15点）

ア 子ども　イ 先生
ウ 若《わか》い人

［　　］

(2) ――線②が表している気持ちを、記号で答えましょう。（15点）

ア とてもうれしい気持ち
イ 少しはうれしい気持ち
ウ うれしくも悲しくもない気持ち

［　　］

(3) ――線③がどのような人物かまとめました。［　］に入る言葉をそれぞれ書きましょう。（20点）一つ10

他人から［　　］されなくても、
［　　］ような立派な人物。

答えは96ページ

やってみよう

＊次の言葉と似た意味の言葉をあとから選び、記号で答えよう。

① 真心［　　］　② 天然［　　］

③ 準備［　　］　④ 向上［　　］

ア 自然　イ 用意　ウ 進歩　エ 誠意《せいい》

＊次の言葉と反対の意味の言葉をあとから選び、記号で答えよう。

⑤ 分解［　　］　⑥ 平和［　　］

⑦ 保守［　　］　⑧ 勝利［　　］

ア 戦争　イ 合成　ウ 敗北　エ 革新《かくしん》

答えは96ページ

説明文・論説文《ろんせつぶん》 ⑤

月　日
得点　点　合格40点

● 読んで、答えましょう。

報酬《ほうしゅう》をもらわずに、他人や社会にこうけんする行為《こうい》。これをボランティアとよぶ。その語源《ごげん》は、「自分で～しよう」という意味の、「ヴォロ」というラテン語。だから、ボランティアにおいて最も大切なことは、［①］だ。自分から進んで参加することが、ボランティアの原則である。

そのためには、ボランティアは楽しいものでなければならない。［②］何の楽しみもないのだったら、人は自分から参加などしないだろう。実際、ボランティアに参加して、「楽しかった。」と語る人は多い。日本にボランティアを根付かせるには、この楽しさをもっと多くの人に知ってもらう必要がある。

(1) ［①］に入る言葉を、記号で答えましょう。（15点）

ア 協調性　イ 客観性
ウ 自発性

［　］

(2) ［②］に入る言葉を、記号で答えましょう。（15点）

ア だから　イ もしも
ウ あるいは　エ すなわち

［　］

(3) 筆者の、ボランティアに対する考えをまとめました。［　］に入る言葉を、文中からそれぞれぬき出しましょう。（20点）一つ10

ボランティアの［　　　］を広く伝えることが、日本にボランティアを［　　　　　］ことにつながる。

答えは96ページ

やってみよう

✱ 次の――線の漢字の読み方を書こう。

① 布を赤く染める。［　　］

② 蔵の中を整理する。［　　］

③ 風でかみが乱れる。［　　］

④ 高層ビルが並《なら》ぶ。［　　］

⑤ 宇宙はとても大きい。［　　］

⑥ 皇后陛下《へいか》のお言葉。［　　］

⑦ 沿道に人が集まる。［　　］

⑧ 歌詞を暗記する。［　　］

答えは96ページ ☞

物語⑤

月　日
得点　　点　合格 40点

● 読んで、答えましょう。

小学生のころはよく①二人で遊んだものだが、中学生になってからは、こんなふうに［②］をならべて歩くのは初めてだった。

突然《とつぜん》、アカネが声を上げた。

「何？　あれ。チョウチョ？」

民家の板べいに、③手のひらくらいの大きさのうす青いものがはりついている。

タケルには、それが何かすぐにわかった。

「ガだよ。オオミズアオって名前の。けっこうめずらしい。」

「きれいねえ。」

アカネは、④ガに顔を近づけて、しげしげとながめた。アカネは、小さなころから好奇心《こうきしん》の強い子だった。

(1) ――線①とは、だれとだれですか。（10点）

［　　　］

(2) ［②］に入る言葉を、記号で答えましょう。（10点）

ア　かた　　イ　うで　　ウ　足

［　　　］

(3) ――線③は、何でしたか。文中からぬき出してまとめましょう。（10点）一つ5

［　　　　　］という名前の［　　］。

(4) ――線④から、アカネのどんな様子が読み取れますか。文中の言葉を使って書きましょう。（20点）

［　　　］

答えは96ページ ☞

やってみよう

✱ 次の□に漢字を書こう。

① 切り□《かぶ》にぶつけた足が□《いた》い。

② □《たまご》の□□《ねだん》が上がる。

③ 人の血を□《す》うコウモリが□□《そんざい》する。

④ □《かいこ》のまゆから□□《きぬいと》が作られる。

⑤ その□□□《てんらんかい》の開始□□《じこく》は十時だ。

答えは96ページ☞

説明文・論説文《ろんせつぶん》 ⑥

月　日

得点　　点 / 合格40点

● 読んで、答えましょう。

自然界は弱肉強食だと、よく言われる。「人間の世界も①これと似ている。人生は競争だ。競争に勝つ強い者が生き残る。」と言う人もいる。

［②］、これは一面的な見方である。自然界の法則は弱肉強食だけではない。

［③］、クロオオアリというアリは、クロシジミというチョウの幼虫《ようちゅう》を大切に育てる。その代わりに、クロシジミの幼虫は、クロオオアリにあまいみつをあたえる。こうした関係を共生という。昆虫《こんちゅう》でさえ、協力し合っているのだ。

人間の世界を自然界にたとえるなら、この共生の方に大いに注目するべきである。競争よりも、協力の方が大切だ。

(1) ——線①が指すものを、文中からぬき出してまとめましょう。（10点）

自然界。「　　　」だと言われる

(2) ［②］・［③］に入る言葉を、記号で答えましょう。（20点）一つ10

ア たとえば　イ または　ウ したがって　エ しかし

②「　」　③「　」

(3) 筆者の考えをまとめました。□に入る言葉を、文中からそれぞれぬき出しましょう。（20点）一つ10

弱肉強食から連想される［　　］よりも、［　　］から連想される協力の方を大切にするべきだ。

答えは96ページ☞

やってみよう

＊次の□に漢字を書こう。

① □□《さんちょう》は意外に□《あたた》かだった。

② □□《けんり》が認《みと》められないのは□《こま》ったことだ。

③ この機械には□□《じしゃく》が□□《そうちゃく》されている。

④ □□《にまい》の紙をまとめてつつ状に□《ま》く。

⑤ □□《ちんぎん》は、明日の□《ばん》に支《し》払《はら》われるはずだ。

答えは96ページ☞

答え

読解力6年

まちがえたところは，もう一度見直そう！

① 言葉の意味

(1) イ
(2) 利点
(3) 不
(4) ウ

「やってみよう」の答え
①わたしは　向かった
②ぼくも　行きます
③ぼくたちは　出会った
④小学生が　いた
⑤すばらしいね　風景は

② 指示語をおさえる ①

(1) 小さなベンチ　(2) ウ
(3) 雑誌・ページ
(4) (例) 雑誌に青山くんの書いた詩がのっていたこと。

考え方 指示語は、ふつう前の内容を指します。

①とても　②大きな
③白い　道を
④急いで　駅へ
⑤たくさんの　公園に

③ 指示語をおさえる ②

(1) ア
(2) カブトガニ・四億
(3) (例) 近年、カブトガニが急激に減少している(原因)

考え方 (3)「〜原因」に続くように、形をととのえましょう。

①ア　②エ　③イ　④ウ
⑤イ　⑥エ

④ 接続語をおさえる ①

(1) イ
(2) ア
(3) そのうえ(おまけに、そうして、それから)
(4) それとも(もしくは、あるいは)

考え方 接続語を考えるときは、前後の内容がどんな関係かをつかみましょう。

①馬・車　②四・中
③鳴・林　④洗・鋼

⑤ 接続語をおさえる ②

(1) ①ア　②エ
(2) ところが(けれども)
(3) (例) 新しいものよりも、古いものの方が長持ちする

考え方 (3)「つまり」は、前の内容を、後でまとめたり説明したりする場合に使う接続語です。

①こと　②あぶ　③おさな
④じゅもく　⑤ごかい
⑥せいい　⑦どうめい
⑧すいちょく

⑥ まとめテスト ①

(1) ア　(2) ウ
(3) うらめしそうな顔
(4) イ

①蒸気・操作
②認・難
③心臓・肺
④傷口・洗
⑤天皇陛下・姿

⑦ まとめテスト②

(1)実験動物(の代表。)
(2)②エ　③イ
(3)人間の命・反対

考え方 (3)「そうした考えに反対する人々」の「そうした考え」が指すものをとらえましょう。

①将軍・城
②背・腹
③著名・映画
④内閣・議論
⑤裁判・厳

⑧ 心情を読み取る①

(1)和樹・心配　(2)ア
(3)(例)和樹が帰ってきたので、ほっと安心する気持ち。

①七転び八起き
②ね耳に水
③手を焼く
④口がすべる
⑤花よりだんご

⑨ 心情を読み取る②

(1)出てこない・イライラ
(2)(例)マンガを読んでいる涼子の姿を見て、びっくりする気持ち。
(3)ウ

考え方 (3)会話から気持ちを想像しましょう。

				①せ
	②た	い	か	い
	ぬ			く
③さ	き		④は	ら
				べ

⑩ 考えを読み取る①

(1)もの知りだ・ものを知らない
(2)分別があるはず(の年齢。)
(3)イ

①運動会です
②行きます
③雨でしょう
④歩きました

⑪ 考えを読み取る②

(1)エ
(2)夕暮れ時・強烈なさびしさ
(3)イ

考え方 (3)「秋は孤独を感じる季節。→孤独を感じると人は他人とのつながりを求める(友人を求める)。→秋は友人がほしくなる季節。」という筋道《すじみち》をとらえましょう。

①お読みになる
②お聞きになる
③お入りになる
④お待ちになる

⑫ 対比をつかむ

(1)ウ
(2)現在　(3)ない
(4)人間と動物は連続した存在だ。

考え方 (3)「人間には想像力がある」と反対になります。

①ア　②イ　③イ　④イ

⑬ 原因・理由をおさえる①

(1)栄養分
(2)森が減った(から)。
(3)ウ
(4)(例)魚や貝が減ったことには、川や森も関係があるから。

①お待ちする
②お持ちする
③お伝えする
④お呼びする

⑭ 原因・理由をおさえる②

(1)伝染病が流行したからという説。植物の毒にあたったからという説。
(2)いん石・環境
(3)(例)いん石にふくまれる物質がきょうりゅうが絶滅した時代の地層から見つかったから。

①ウ　②イ　③ア　④イ

⑮ 要点をまとめる

(1)プラスチックゴミ
(2)海や川をよごす・生態系へ悪えいきょうをあたえる
(3)ア

考え方 (2)二つ目と三つ目の段《だん》落《らく》の大事な点をとらえます。

①おぎな ②く ③つと ④げんりゅう ⑤じゅうらい ⑥ふんせん ⑦りんじ ⑧こうてつ

⑯ まとめテスト ③

(1)きれいな・悪くない
(2)イ
(3)(例)おじさんに初めてほめられて、うれしい気持ち。

①秘密・疑 ②宝・探 ③俳句・創作 ④幕・垂 ⑤専門家・批判

⑰ まとめテスト ④

(1)報道記事の文章
(2)イ
(3)説得力・だまされた

考え方 (3)最後の段落《だんらく》の内容をまとめます。

①尊敬・署長 ②裏側・忘 ③推進・障害 ④縦・並 ⑤宅・訪問

⑱ 主題を読み取る ①

(1)イ
(2)生きて・心配
(3)ウ

考え方 (3)「生きてるって、うれしいことだね。」という言葉に着目します。生きていることをうれしいと思う気持ちは、「**命あることの喜び**」と言いかえられます。

①別 ②物 ③現 ④技

⑲ 主題を読み取る ②

(1)あいさつ・返して
(2)(例)佐藤さんの笑い声にあたたかみを感じて、こわくなくなったから。
(3)ア

考え方 二人の会話に注意。「でも、…あいさつも返してくれなかったの。」は佐藤さんの言葉です。

				①ど
	②こ	う	ぼ	う
	う	■	■	り
	い	■	③つ	
④あ	ん	ず	る	

⑳ 主題を読み取る ③

(1)おじいちゃん・忘れてしまう
(2)大切な思い出(の一つ。)
(3)イ

考え方 (3)「**大切な思い出**」をおぼえていることで、おじいちゃんとのきずなを守ろうとしているのです。

①ア ②イ ③イ ④ア

㉑ 主題を読み取る ④

(1)足音・声
(2)(例)木の葉の音や鳥の声
(3)ア

考え方 (3)「山野の一部そのものになっていた」とは、**山野という自然と一体となっていた**ということです。

①ア ②イ ③ア ④ア

㉒ 結論を読み取る ①

(1)新しい外来語(の例。)
(2)法令遵守・賛成
(3)外来語は、日本語では表現できない物事を表すためだけに使うべきだ。

考え方 (3)外来語についての筆者の考えが、最後の一文でまとめられています。

①エ ②ア ③イ ④ウ
⑤ク ⑥オ ⑦キ ⑧カ

㉓ 結論を読み取る ②

(1)ア
(2)イ
(3)設定する・選び取る

考え方 (3)結論が述べられている第二段落《だんらく》の内容をまとめます。

①まいご ②へた
③くだもの ④けしき
⑤めがね ⑥かわら
⑦けさ ⑧やおや

㉔ 結論を読み取る ③

(1)科学の進歩
(2)向上・自然破壊
(3)(例)自然を守るために、科学の進歩を利用するのがよい(という結論。)

①おさ ②のぞ
③そな ④ろうどく
⑤じゅんぱく ⑥しょこく
⑦けんぽう ⑧せんげん

㉕ まとめテスト ⑤

(1)イ
(2)(例)楽しみ
(3)練習
(4)ウ

①優勝・届
②牛乳・糖分
③若・改革
④激・否定
⑤拡大・簡単

㉖ まとめテスト ⑥

(1)熱帯雨林(の縮小について。)
(2)ウ
(3)(例)熱帯雨林の動植物が新薬の材料になるという期待。 (4)ウ

①片方・閉
②貴重・拝見
③窓・担当
④棒・模型
⑤善行・聖者

㉗ 説明文・論説文 ①

(1)成長の仕方
(2)生活の仕方 (3)ア
(4)(例)どちらも社会生活を営むから。

考え方 (4)理由を答えるときは、「〜から」の形にまとめます。

①阝 ②言 ③糸 ④宀
⑤灬

㉘ 物語 ①

(1)イ
(2)緊張(している様子。)
(3)(例)弘美がコンロの火を止めたことにおどろく気持ち。
(4)(例)とてもいい考えだ(と思った。)

①く	②ち		③な	か	ず
	ょ		れ		
	④う	し	ろ	が	⑤み
	ち				つ
	ん				ご

㉙ 随筆 ①

(1)知っているふり
(2)本屋・ドーデ
(3)イ

①染まる
②閉める
③敬う
④拝む
⑤延ばす
⑥済ます

㉚ 詩 ①

(1)ぼくらの夢
(2)イ
(3)あきらめず・何度でも

①尊い
②訪ねる
③頂く
④暮らす
⑤割れた
⑥至る

㉛ 説明文・論説文②

(1)「権利」と「義務」
(2)ウ
(3)不正がはびこる
(4)ア

①預ける ②痛める
③縮める ④従う
⑤降りる ⑥誤る

㉜ 古文①

(1)ウ
(2)心にうつりゆくよしなしごと
(3)イ

考え方 (3)「あやしうこそものぐるほしけれ（不思議なくらい気が変になるような感じがする）」に着目しましょう。

①児童・自動
②高価・効果
③週間・週刊・習慣
④革新・確信

㉝ 物語②

(1)①エ ②ア (2)イ
(3)(例)二人だけでいっぱい遊ぶこと。

考え方 (2)「えっ。」や「いつ？どこに？」などの言葉にも、「おどろき」が感じられます。

①機械・機会・器械
②事故・自己
③対象・対照
④寄生・規制・帰省

㉞ 随筆②

(1)男の子とばかり（遊ぶようになる。）
(2)(例)自分が女の子であることを強く意識する日。
(3)語りかけて・得意

①も ②しお
③はり ④しょぶん
⑤はで ⑥ずのう
⑦じんぎ ⑧とうろん

㉟ 説明文・論説文③

(1)水をたくわえる
(2)森林の表土
(3)だから（ゆえに、それで）
(4)ア

①奮・訳
②机・郵便
③政党・区域
④一段・演奏
⑤警備・延長

㊱ 詩②

(1)イ (2)夏
(3)ウ (4)イ

考え方 (3)最後の三行で表現された気持ちが主題です。

①穀物・捨
②泉・砂
③幼児・座席
④就職・骨
⑤翌日・看病

㊲ 物語③

(1)イ (2)色白の女の子
(3)(例)女の子の着物の後ろから、しっぽの先っぽが見えていたから。
(4)イ

考え方 (1)「イネかりが終わったばかり」「空はうす暗くなっていた」に着目します。

①絹 ②窓 ③粉 ④厚
⑤盟 ⑥誌

㊳ 古文②

(1)永遠に旅を続ける旅人
(2)旅人
(3)船頭・馬子（順不同）
(4)月日・行き来する年・船頭・馬子（順不同）

①と	う	だ	②い
し			し
③の	ど		
こ			
④う	つ	つ	

㊴説明文・論説文④

(1)独創性重視学習
(2)②エ　③ウ
(3)知識・自分の頭

考え方 (3)「知識が必要だ」「自分の頭で考えることによって」に着目します。

①写・映・移
②空・開・明
③買・飼　④整・調

㊵詩③

(1)ウ
(2)今までの親切ありがとう／君のことは忘れない
(3)友　(4)ぼく

考え方 (4)すぐ前に「あのときのうれしい言葉を／ぼくは今でも忘れない」とあることに着目します。

①努・勤・務
②測・量・計
③備・供　④型・形

㊶物語④

(1)事故・死んでしまう
(2)ウ
(3)どうすれば・混乱

考え方 (3)浩太は「いったい、どうすればいいんだ。」と思っています。また、「紙を手に持ったまま混乱し」とあります。

①カ　②イ　③エ　④ウ
⑤オ　⑥ア

㊷漢文

(1)イ
(2)ア
(3)理解・おこらない

考え方 (3)「他人が自分を理解してくれなくてもおこらない」とあります。これは「他人から理解されなくてもおこらない」と言いかえられます。

①エ　②ア　③イ　④ウ
⑤イ　⑥ア　⑦エ　⑧ウ

㊸説明文・論説文⑤

(1)ウ　(2)イ
(3)楽しさ・根付かせる

①そ　②くら
③みだ　④こうそう
⑤うちゅう　⑥こうごう
⑦えんどう　⑧かし

㊹物語⑤

(1)(例)アカネとタケル(タケルとアカネ)
(2)ア　(3)オオミズアオ・ガ
(4)(例)うす青いきれいなガに、強い好奇心をいだいている様子。

考え方 (4)アカネは「好奇心の強い子だった」とあります。

①株・痛
②卵・値段
③吸・存在
④蚕・絹糸
⑤展覧会・時刻

㊺説明文・論説文⑥

(1)弱肉強食
(2)②エ　③ア
(3)競争・共生

考え方 (3)「弱肉強食・競争」と「共生・協力」が対比されています。

①山頂・暖
②権利・困
③磁石・装着
④二枚・巻
⑤賃金・晩